Spiritual Culture
青心文化

在阅读中疗愈·在疗愈中成长

READING & HEALING & GROWING

开启一种全新的关系模式

扫码关注,回复书名,聆听专业音频讲解,
成为一个懂得爱自己,也懂得爱周围的人。

全新修订本

灵性亲密关系

李安妮 著

中国青年出版社

图书在版编目（CIP）数据

灵性亲密关系 / 李安妮著. -- 北京：中国青年出版社，2018.9
ISBN 978-7-5153-5363-0

Ⅰ.①灵… Ⅱ.①李… Ⅲ.①爱情—通俗读物②婚姻—通俗读物
Ⅳ.① C913.1-49

中国版本图书馆 CIP 数据核字 (2018) 第 244268 号
北京市版权局著作权登记号：01-2018-6902

灵性亲密关系

作　　者：李安妮
责任编辑：吕　娜
插画作者：stano

出版发行：中国青年出版社
经　　销：新华书店
印　　刷：三河市万龙印装有限公司
开　　本：787mm×1092mm　1/32 开
版　　次：2020 年 5 月北京第 2 版　2022 年 3 月河北第 2 次印刷
印　　张：8.5
字　　数：135 千字
定　　价：69.90 元
中国青年出版社 网址：www.cyp.com.cn
地　　址：北京市东城区东四十二条 21 号
电　　话：010-65050585（编辑部）

目 录

前　言
爱情修炼道 / 001

作者序 / 007

第 一 章
危险的吸引力 / 001

心有灵犀，但不适合当伴侣的情人 / 002
为什么我想在意大利禁欲？ / 005
小心三种荷尔蒙易使你太早进入关系 / 010
男女之间四种不同的来电 / 017
有吸引力不等于"灵魂伴侣" / 019
小心你爱上的是对方的灵性美而非他的人 / 024
性与心很难不连结 / 028

第 二 章
关系好坏取决于意识的高低 / 031

何谓支持彼此活出最高版本的自己？ / 032
三种意识层次的女人与男人 / 036
关于臣服的误解 / 045

第 三 章
进入关系的动机会决定关系是否健康 / 051

不健康的意图吸引不健康的关系 / 052
婚姻到底承诺了什么？ / 056

执着和爱的不同 / 060
进入婚姻的三种层次 / 064
在关系中学习爱 / 070
接受低意识的自己才能够成长 / 073
男人与女人在彼此眼中的价值 / 078

第四章
照顾自己的内在小孩 / 089

他很照顾你，但你对他不来电 / 090
陪伴你的寂寞 / 093
让你的内在小孩长大 / 099
内在小孩没被满足的需求，就是伤口 / 104
【练习】疗愈内在小孩 / 108

第五章
走上真正爱自己的旅程 / 111

先给自己足够的父爱和母爱 / 112
当自己的灵性母亲与灵性父亲 / 115
先成为自己的爱人，就不会对爱匮乏 / 116
【练习】如何跟寂寞做朋友？ / 124

第六章
如何选择对象？ / 129

对关系的理念不同，并非理想伴侣 / 130
到底谁才适合当你的伴侣？ / 132
不要用放大镜检视他，要创造一连串正面经验 / 139
若相信爱是痛苦的，便会重复吸引痛苦的爱情模式 / 143

认识多久才能结婚？/ 146

第 七 章
阳刚的女强人如何找到伴侣 / 149

生命的热情使我找到内在的爱人 / 150
融化阳刚女人的盔甲 / 162
你是主导型（Alpha）还是阴柔型（Beta）女人？/ 168

第 八 章
高度敏感的人容易坠入爱河 / 181

因为高度敏感，很快就爱上他 / 182
高度敏感的人的特质 / 185
应该何时跟他上床？/ 188
像"排毒"一样把男人排掉 / 195
隐士女要相信自己可以同时拥有自由与关系 / 198

第 九 章
看待分手、离婚的新观点 / 201

勇敢说再见 / 202
不离婚的借口 / 208
害怕分离，你的意识和爱就会缩小 / 222

第 十 章
修完自己的课题才能放彼此自由 / 225

原谅自己，自然就会原谅他 / 226
离婚不代表真正放下 / 229
在自己身上看到对方的缺点 / 234

你是所有正面、负面经验的源头 / 237
　　一种新的关系模式 / 243

分享一
对自己的生命负责、展开心灵的旅途 / 248

分享二
学员感悟 / 250

前　言

爱情修炼道

当前社会的爱情模式造成许多人对爱情关系感到困惑、失望、痛苦，离婚率不断上升，越来越多人选择不进入婚姻或亲密关系。虽然我们都希望得到爱，却也害怕关系或婚姻会给自己增加生活中的负担与压力，剥夺我们的自由。为了重拾自己对爱情的信心，我们需要重塑一种新的关系模式，跟父母的模式不同，也不是传统社会认定的良好婚姻模式。我们必须带着更多意识进入关系，了解关系真正是什么、关系能够提供与不能够提供的又是什么。我们需要检视自己进入婚姻的意图与动机是什么，从为了想要得到安全感的动机（低意识）进入婚姻，进化到为了真正能够分享爱的意图（高意识）进入关系。

带着更高意识进入关系，包括：了解谈恋爱时必须注意的陷阱、何时才适合跟对方发生关系,以及如何知道对方是否适合你。如果你单身,这本书会帮助你准备好找到真爱,教你如何先当自己的情人,借此吸引更高品质的伴侣;如果你正在一段关系中,这本书会帮助你辨识关系中的问题根源,学习放掉造成痛苦挣扎的期待与执着。你才会开始欣赏伴侣真正的样子与他的爱,并将关系中的问题当成完整自己的机会。

我们不断地被一般的爱情电影、电视节目与歌曲洗脑,因而对爱产生了一种错误的认知,以为执着就是爱。我们认为恋爱中的人所说的"我没有你活不下去""你使我完整"很浪漫,但它们仅仅是执着的一种表现而已。连传统西方婚礼上的誓言"让我们至死不渝"也大多是恐惧与执着,而不是爱。所有的人事物都会改变,伴侣会变,家庭、孩子也会变,我们如果期待这些无常的人事物带给自己永恒的安全感和快乐,早晚都会失望、痛苦。能够永久带给我们幸福快乐的是:一、做自己,活出热情,看到自己生命的价值。我们奉献给这个世界最珍贵的礼物,就是我们的爱、热情、才华。二、不断自我成长,持续提高觉知、学习沟通、爱自己爱他人、越来越能够替自己的生命负责。每个人如果愿意帮助伴侣活出这两点，而把支持彼此成长与成为最高版本的自己当作进入关系的主要动机，我们就能够创造一种充满喜悦、希望的全新的关系模式。

爱情关系给了我智慧

我曾有美丽浪漫的爱情，也经历过无数次心碎，重复跟男人进入不健康的关系模式，又因受苦而流下了许多伤心的眼泪。我的心受尽了折磨，经历了这么多消耗力量的爱情之后，这些关系教会我什么是爱、什么不是爱。在爱情中经过数不尽的陷阱、分手、背叛、欺骗与幻象之后，我自然地产生了很强烈的动机去深入研究自己、疗愈自己，并研究爱情关系，通过关系自我成长。

许多人以为我是咨询师，理应是个爱情高手，事实上完全相反，我现在懂的都是后来才学到的。二十多岁的我是个凶巴巴、脾气不好、不容易满足的爱人，我时常跟男朋友吵架，为彼此造成莫大的痛苦；我们的关系像是云霄飞车，一下子很激烈热情，一下子又很愤怒痛心。我知道自己有很多问题，才会创造出这么不健康的关系，所以主动把自己带到不同的咨询师与疗愈师面前求救，并开始接触心理咨询、学佛、灵修，最后自己成为心理咨询师。现在我很清楚地看到爱情是自我成长最快的几条道路之一，亲密关系提供了丰富的机会，让我们看到自己还没成熟的地方，刺激我们成长，让我们成为一个比较有智慧，又非常成熟的人。

除了自己经历的爱情经验，另一个可以让我们成长、创造健康爱情的方式是获取有关亲密关系的知识。我从二十出头就开始拼命地阅读有关如何建立良好亲密关系的书，除了接受很多咨询与灵修的练习外，我还花了很多时间研究男女之间的互动、两性不同的行为、脑部结构、荷尔蒙与沟通方式。这些知识给了我非常大的帮助，我多么希望刚开始交男朋友的时候就有人教给我这些重要的知识，让我不会闯了这么多祸，到现在才开始对爱情有一些正确的概念。这本书综合了我一路上搜集的曾对我有帮助的爱情知识、在关系里经历的心碎所带给我的知识、我的咨询案例，以及我在修行道路上所悟到的智慧。希望这本书能够引导你去了解为什么在爱情关系里会有这么多的挣扎以及如何脱离痛苦的恋爱模式,而开始采取健康的方式谈恋爱与创造一种新的、能够支持你活出更多爱、更有希望的关系模式。

书中每个篇章的开头都会有我个人的爱情经历,主要是想借此分享我当时学到的功课。我揭露了自己人性中的缺点与弱点,希望也能传递出一个讯息:那就是我们不需要对自己过去所做的任何事情感到羞耻。除了跟人道歉、学习、成长,我们可以学习原谅自己,接受我们的缺点与弱点,并将它们当作一盏明灯,引导我们带着更多的觉知与慈悲过生活。我个人的故事,并不按照时间顺序排列,这也不是一本描述我所有亲密关系的自传,我只是选择了部分经历用来解释每章节的主要重点。

我感谢所有过去的情人与心理咨询的客户,他们告诉了我关于痛苦的根源的事。感谢你们帮助我看到每一个人都是他所有正面与负面经验的源头。因为能够看到是自己创造了痛苦,就有机会放掉关系里的执着,自己也能开始创造一个健康、快乐的爱情故事。为了保护书中所提到的人物的隐私,无论是我过去的情人或客户,一概使用假名。

我感谢所有曾经帮助我在爱情道路上成长的老师与

作者，包括肯·威尔伯（Ken Wilber）、大卫·戴达（David Deida）、约翰·葛雷（John Gray）、帕特·艾伦（Pat Allen）、卡罗尔·艾伦（Carol Allen）、埃文·马克·卡茨（Evan Marc Katz）。

最后，感谢我勇敢的心，尽管经历多次心碎也从不关闭。相反的，它越打越开，在我继续通过关系成长的过程中体验更伟大、更纯洁的爱。随着自我的成长，我自然想分享这些曾帮助过我的知识与经验，希望这本书能够引导你提高觉知、摆脱关系的痛苦、给予并获得更大的爱。

作者序

人想要拥有亲密关系是非常自然的,但如今我们已经迈入了一个新的意识阶段,用过去的关系模式来经营我们的婚姻已经不再适合。在以前的社会,一个男人和一个女人要在一起互相依靠才能生存,而在这个新时代,无论是女人或男人都可以独立自足,所以已经没有过去那种为了生存而结婚的需求了。如果我们总是抱持过去的信念:"我需要一个伴侣才能活下去",或者"我的幸福快乐取决于我的伴侣如何对待我"的话,我们就会痛苦。我们每个人必须要学习成为一个更完整的自己,做一个懂得爱自己、独立的个体。当我们把爱自己的责任交到爱人的手上时,我们的安全感也要逐渐丢失,总有一天你会感到失望,因为真正能够给你安全感、稳定长久的陪伴的人只有你自己。

亲密关系给我们提供了一个很好的机会，提醒我们要自我成长，意识到我们还能够如何为自己的生命负责、更爱自己。只要我们不把爱自己的责任投射在伴侣身上，而是将伴侣视为上天派来刺激和支持我们成长的人，我们就不会对彼此产生不切实际的期望，从而减少很多不必要的争吵。

没有任何人能够保证一直给我们幸福快乐，所以婚姻不会给我们永恒的喜悦，但却给我们很多自我成长的机会，教我们怎么给自己爱和喜悦。如果两个进入婚姻的人都抱持这样的观点来看待婚姻，双方都愿意自我成长，愿意支持对方成长，那么就能够创造并维持健康的亲密关系，这也就是我们人类意识进化的方向。

我写《灵性亲密关系》一书，就是希望能透过分享我自己的经验，来帮助人们提高对亲密关系的认知。通过我自己的爱情经历，以及多年来婚姻咨询的经验，我发现只要把亲密关系当作一个自我成长的机会，而不是生命的保险，我们才能够脱离痛苦而成为更有力量和自由的人。

刚写完这本书的时候有些读者反馈说这本书的理念太前沿，现代人根本做不到放下对伴侣的要求、依赖和执着。但我们没有其他选择。当关系带来痛苦时，我们除了提高意识外别无选择。我们必须放下对方、为自己的生命负责。我在书中谈到的自我成长需要我们终身学习。希望这本书能够给在关系中碰到挫折的人一些引导，时刻提醒大家，关系的功能本来就是要让我们学习自我成长。当关系的痛苦出现请记得：你最棒的觉醒机会来了。

祝大家通过懂得爱自己，自然地懂得爱周围的人。

李安妮

第一章

危险的吸引力

001

心有灵犀，
但不适合当伴侣的情人

　　亚当在一群新朋友中显得相当有深度，我很快就被他吸引了。敏感的他像个灵媒，不知道为什么，他能够知道我内心深处的感受，他告诉我："安妮，你看世界的角度跟一般人不同，这让你很孤独。你内在其实是个很孤单的小女孩，需要被爱，可是你却不断在付出。"他对着我内在寂寞的小女孩说话，让我觉得好感动，终于有被了解的感觉。我忍不住想要接近他，他如同充满爱的大哥哥一样陪着我，跟我谈心，完全没对我有进一步的举动，这让我很有安全感。我好开心终于认识了一个能了解我，想法又跟我相同的男人。

　　跟亚当发生关系后，我满脑子都是他，常常忍不住跟朋友提到他，朋友说："咦？怎么每次你谈到他的时候，他都是在喝酒呢？"其实我早就知道他常喝酒，可是因为太迷恋他了，所以对此视而不见。但经过一段时间，各种迹象实在是太明显了，例如他会醉酒驾车，我开始怀疑他有酒瘾，但我不知道他嗜酒的程度有多严重，所以决定继续认识他。之后，每次在朋友的聚会中，他都在喝酒，甚至有几次他喝得酩酊大醉后对我开骂。有一次我问他："你每天都这样喝，是不是酒精上瘾啊？"他听到这句话便大发雷霆、坚决否认，这样的反应引发了我强烈的警觉心。

虽然我跟亚当有灵魂上的连结，但实际上我们的生活模式截然不同，重视健康的我不可能选择一个酗酒的人当伴侣。我开始清醒过来，知道不能跟他继续交往，于是我不再去找他，也控制自己不给他打电话。这段爱情上瘾症的勒戒期让我非常痛苦，虽然脑袋知道自己不能再继续，但因为已经跟他有过亲密关系，他简直已经爬到我皮肤里面了，我无法不想他，不时会检查手机是不是有他传来的短信，会一直想见他、跟他联络。

读过许多关于荷尔蒙的研究报告后，我知道自己是因为跟他发生关系后体内荷尔蒙受到影响而"黏上他"，像是吸毒一样对他上瘾，强烈感觉只有跟他在一起才能够得到满足。我知道我必须把他"戒掉",便下定决心告诉他:"因为我们的生活模式太不相同,我们不适合当情人,只适合当普通朋友。"刚开始时,他不愿意放弃,但我不断坚持我的界限,最后他还是接受了。亚当对我来说有一股非理性的吸引力,把他戒掉的过程很难受,但这就是太快坠入情网的后果,也是我必须经历的,如此,我才能学习到:强烈的吸引力有时候是危险的,它会使你爱上不适合当你伴侣的人。

为什么
我想在意大利禁欲？

我坐在朋友位于罗马家中的阳台上，一边宣布自己要在意大利禁欲，却一边拿着即将接待我的帅哥照片给朋友看。朋友问我："你为什么要来意大利？""因为直觉。"我说。

我曾经去过四十多个国家旅行，只要听到内在的声音叫我去一个地方，我就会去，而选择去这些地方根本没有任何特别的理由，我都任凭直觉带领。很多时候我没有搜集资料，也没有预先安排行程就出发，于是往往在旅程到了尾声的时候，我才知道为什么我会到那个国家。许多这些"直觉"所开启的旅程，最后都成了自我启发与转化的经验，通常这个过程中也包括了学习关于爱的课程。

我必须承认，我来到意大利还有另一个原因，那就是我想要体验这个充满感官享乐的国度，想要体验热情。准备这趟旅程的时候，我加入了几个文化交流的计划，许多当地的意大利人自愿接待外国旅人到家中居住一段时间，带旅人参观他们所居住的地方，了解他们的文化并分享他们的生活方式。相对的，旅人可以通过对话分享自己的文化，煮一餐自己国家的传统料理或是教接待的人一些他们感兴趣、自己也有研究的事，例如我帮接待我的人做泰式按摩，教他们瑜伽、气功和打坐。我很自然地倾向选择三十多岁，对灵修和艺术有兴趣的男性来接待我，果然这也是后来我所得到的！

这个国家充满感官享受，甚至以懂得享受甜蜜生活而名声远播，当地男人出了名地懂得当最佳情人，而我明知道自己要到这个国家旅行，却宣布自己要禁欲？我怎么能够怀抱着想要体验热情的意图来到意大利，跟浪漫的意大利男人住在一起，让他们载着我去参观美丽的城市，煮美味的餐点给我吃，然后还告诉自己要禁欲？到底发生了什么事，让我想要设下这么严厉的爱情界限？我怎么会把自己放在这样充满矛盾的状况当中？

我想在意大利保持禁欲的原因在于，我不想重复我在跟亚当的关系中所经历的痛苦，就是对一个不适合我的男人上瘾，然后又要把这个男人戒掉。我来到意大利的目的是体验对生命充满热情的文化，这不代表我想要获得性爱或爱上一个人、进入关系。因为知道自己将被充满吸引力、懂得感官享受的热情的意大利男人所围绕，我知道这个状况的危险性，所以才想用禁欲来保护自己，避免太快坠入爱河。

到意大利旅行的前几个月，我正在教学生关于男女不同的荷尔蒙分泌与太早发生关系的危险性。以前的我总以为，只要跟男人有特别的连结，就代表他或许适合当我的伴侣，但男女之间的吸引力来得很快，因此我有闪电爱上男人的倾向。我常常容易还没有好好相处、深入认识对方，就一股脑坠入情网。重读我少女时期的日记就会发现，其实我从小就一直告诫自己："下次谈恋爱的时候，要花时间去慢慢地认识对方。"母亲与朋友也都明白告诉过我："你每次的恋爱模式都是一头栽进去，然后才发现对方不合适。"

通常我没有用足够的时间去认识这些男人，认识到他们都是不合适的对象。每当我发现他们会欺骗我、背叛我、对酒精上瘾、对生命的价值观或对关系的要求跟我南辕北辙，我就需要再次经历难熬痛苦的爱情排毒过程，才能够把我对这个男人的上瘾症戒掉。

这些爱上不适合我的男人的经验,刺激我去做很多自我疗愈,特别是疗愈我与父亲的关系。我发现自己之所以会爱上不适合的男人,常常是因为我把自己对父亲的孤单的心疼投射在男人身上,因为忍受不了看到爸爸的痛苦,想要拯救他,所以会吸引让我心疼、需要拯救的男人。例如,亚当的寂寞让我为他难过,想要多陪他,这使我很难离开他。后来我才意识到,我又在重复自己与父亲的关系。看到亚当的痛苦,就如同看到我父亲的痛苦。我开始学会放手,放下想要救我父亲的念头,并学会信任我父亲的生命,相信不管他正在经历什么都是他在成长过程中必须经历的。我把我父亲的幸福快乐交还给他自己,把我的专注力拉回来,陪伴我那颗害怕失去父亲的会孤单的心。当我放下想拯救父亲的念头,我也不再吸引我觉得可怜、需要被拯救的男人。

当我学会更爱自己以后,就自然不再对那些不适合我的男人产生兴趣,可是我也发现,当我处在喜悦的状态时,我很容易跟人连接,无论是男人还是女人、老人或者年轻人。女人会想跟我当好朋友,男人会想跟我更亲密,男人时常把我本来就有的喜悦误以为是我对他们有兴趣。所以，懂得关照性吸引力的出现、知道什么时候才适合跟对方发生关系，是提高我们爱情觉知的重要一课。

　　我们要拥抱与庆祝性能量，也要小心地把它导引到能够帮助我们成长与实现更多爱的方向。因为性能量是神圣的，所以我们也要用神圣的态度对待它。有一些在灵性领域钻研性能量的人，很容易把"性爱是神圣的"用来当作满足自己性欲的借口。吹捧性爱只是以灵性为幌子，让自己有借口跟很多人上床，这会遭遇许多问题，特别是在女人身上，因为性爱会使女人的身体产生某些荷尔蒙，容易影响她的判断力，使她不小心对不适合跟她在一起的男人上瘾。

小心三种荷尔蒙
易使你太早进入关系

有些女人爱上男人时会又紧张又兴奋,想要拥抱他、亲吻他、触碰他、闻他的味道,想要跟他合为一体。不在一起的时候,你一直惦记着他,他的存在让你庆幸自己活着。你觉得被启发了,好像做什么事情都会成功,你对周围的人更加友善,无论去哪里都很开心。你情绪高昂到有时不需要吃饭、睡觉,等不及下次的约会,看到他就像有头小鹿在心头乱撞。虽然你人很聪明、口才又好,跟他在一起时却变笨了。跟他的关系成为你的生活重心,渐渐的,你开始忽略朋友、工作,也忽略了要在日常生活上照顾自己的例行活动,比如静心、运动和打扫房子。因为没有什么事比跟他在一起更重要,他像是让你上瘾的毒品。

你或许会以为以上那段话是在形容高中女生的恋爱行

径,但事实上很多三四十岁的女人还是会经历这样的恋爱模式。荷尔蒙会造成无法抵挡的吸引力,而导致这些疯狂的恋爱行径的原因之一,就是在我们体内发作的荷尔蒙。

使你过早"黏上"对方的催产素

美国的荷尔蒙研究报告显示,当男女刚开始相处、逐渐拉近距离时,两人体内都会产生一种叫作催产素的荷尔蒙。催产素是一种促使人类连结的荷尔蒙,当母亲生下小孩,母体内就会产生大量的催产素,使她自然地想跟婴儿有强烈的连结,让母亲愿意全心全意地做任何事情来保护与照顾她的小孩。当男人与女人越来越亲密,尤其是在做爱过后,双方的体内也会分泌催产素。催产素会让一些还不够认识彼此的男女过早"黏上"对方,特别会影响女人,让她对这个男人变得异常执着。如果她"黏上"对方之后,才发现那个男人根本不适合自己,这时想分手就会变得很痛苦,因此,很多女人都不愿意选择分手,无论那个关系多么毒害她的生活。

催产素对男人与女人的影响是不同的,每个人都有阳性跟阴性的能量,一般来说,男人的阳性能量比女人多。从生理的观点来看,这是因为男人体内有一种叫睾酮素的荷尔蒙,睾酮素会使男人阳刚、独立、主动和有冲劲。大部分女人的阴性能量比男人多,这是因为她们有一种叫雌激素的荷尔蒙,促使女人注重人际关系,想要与人连结,在乎他人的感受,并拥有较敏锐的感受力。当两个人开始变得亲密时,催产素对女人产生的影响是降低她的焦虑与压力。女人跟男人做爱后会觉得很放松、开心、舒服,有些女人会以为这个舒服开心的感觉是男人给她的,觉得只有拥有这个男人,她才能在生命中感受到这些感觉,这会加强她对那个男人的依赖。

女人的性器官与心连接,子宫颈是心的反射点,而男人的龟头则是男人的心的反射点。做爱就是男人用心的反射点去按摩女人的心的反射点,因此双方一定会有某种程度的情绪连接。女人的性器官位于身体内侧,因此做爱时女人扮演的是接受的角色,阴道接纳了男人进入,男人的能量会留在女人的身体中一段时间,让女人很难放掉这个男人。

催产素对男人则会产生相反的效果,会增加男人的压力。因为当催产素升高时,男人的睾酮素会降低,当睾酮素低于一般浓度时,他们就会觉得不对劲,自然会想要抽离,想跟他的女伴保持距离。当他没有跟女伴在一起时,催产素就会降低,睾酮素便能回到正常那种较高的水准。当男人的睾酮素浓度够高时,才会有动力去亲近女伴。当男人跟女人之间产生亲密感后,他自然会想要有自己的空间与时间。这时我鼓励女人让他离开。如果这个男人真的想跟你在一起,等他的睾酮素回升到正常水平之后,他自然就会有动力回来找你。

这点非常重要,因为许多女人会紧抓住男人,不愿意让他离开,不了解为什么刚刚两人还如胶似漆,突然间男人就说需要拥有自己的空间与时间,其实很多时候连男人也不知道自己为什么会有这个想要逃离的反应。了解荷尔蒙的影响之后,女人就不需要一直追着男人问两人的关系怎么了?他对她有什么感觉?他为什么想要离开,也不需要因为男人需要离开而感到焦虑不安、怀疑两人的关系。

女人可以利用这段时间重新做自己,做自己喜欢的事情,用这段空出来的时间与空间扎根在自己里面,利用这个机会跟自己更深入地连结,看到跟男人在一起的那种很喜悦的感觉一直都在自己之内，这些正面感觉的经验在遇到这个男人之前就有了，看到自己是自己正面经验的源头。如果女人无法看到这一点，就容易把自己的生活重心放在对方身上，而失去了自己。当男人离开女人回到自己的空间时，如果真心想要跟对方进一步交往，请男人不要利用这段时间跟别的女人交往。在这段时间里，男人也可以把注意力放在做自己喜欢的事情之上，而不是去跟别的女人约会、发生关系，避免威胁到自己跟原来那个女人未来交往的可能性。许多男人不清楚自己只是受到荷尔蒙的影响，不明白自己为什么突然不想跟这个女人在一起，甚至怀疑自己是不是不那么喜欢这个女人，其实有时候只是因为他的睾酮素需要时间恢复正常。

就整体而言，男人比较不容易因为上了床而"黏上"对方，因为男人的性器官位于体外，较能把心跟性器官切割，也就是把爱跟性分开。做爱时男人把能量释放出来，射精到女人体内，他较能在结束后轻松地、干干净净地离开。女人则是搜集了男人的能量，将两人做爱所结合的能量保存在身体里面，这会让女人比较容易执着于对方。

使你对伴侣"上瘾"的多巴胺

女人跟男人做爱时,大脑会释放多巴胺,多巴胺会令人觉得愉悦、兴致高昂且心满意足,会让女人渴望这股满足感。为了要满足对多巴胺的需求,人会重复做出刺激大脑分泌多巴胺的行为,就像吃东西与做爱时,人们也会释放多巴胺,这就是为什么有些人明明肚子不饿却想吃东西,明明知道对方不适合自己,却还是想跟他做爱。

从科学的角度来看,吃东西与做爱这两种行为会释放多巴胺是相当合理的,我们需要吃东西才能够生存,需要做爱才能够延续种族,但这些行为有时也会使人上瘾,因为大脑分泌的多巴胺会让人对那些刺激多巴胺分泌的事物上瘾。就像是古柯碱一样,一旦吸食了古柯碱,就必须不断地吸食更多才能够让自己获得快感,而性爱就跟古柯碱一样会使人欣赏对方,甚至到上瘾的程度。当大脑分泌多巴胺时,因为你在追求满足感,就很容易让自己失去理性,你的无意识会占领你,让你做出一些不适当的选择,不断追求能够释放多巴胺的事物。这会在你的脑海中形成神经元回路,让你不断重复同样的行为以获得回馈,以为做这些事情对你是有益的,但其实只是让你获得更多的多巴胺而已。这也会强化女人对一个不适合自己的男人的上瘾症而无法离开，如同吸食古柯碱容易上瘾般。

使你执着于性爱的睾酮素

另一种荷尔蒙叫睾酮素，会让女人变得性欲旺盛，常常让她处在一个很想做爱的状态，也更有行动力，比较主动。当女人体内的睾酮素分泌旺盛时，她比较容易有性行为、性幻想、性兴奋与性满足。根据调查，男女通常要经过六到十八个月的相处后，多巴胺与睾酮素这两种荷尔蒙才会渐渐淡掉。当这些荷尔蒙分泌还很旺盛的时候，你会戴着玫瑰色的眼镜看待对方，这段期间两人都觉得彼此很完美，就算看到对方的缺点也会忽略它，这也造成你会跟一个不适合自己的人交往。做爱后，女人会感觉特别甜蜜，加强她对这个男人的好感。有人说，在女人眼中，男人即使上床前是只癞蛤蟆，上床后却会变成白马王子。女人特别需要注意的是：性爱所产生的荷尔蒙会影响理智，很容易不小心就让自己爱上根本不适合自己的男人。

男女之间
四种不同的来电

根据美国两性专家约翰·葛雷的说法,可把男女间互相吸引的来电感觉分成四种。

第一种是身体的来电:想要有身体的接触,比如:拥抱、亲吻、做爱。

第二种是情绪的来电:想跟对方一起玩,不管做什么、如何打发时间,只要跟对方在一起就很开心。

第三种是头脑的来电:觉得对方很有意思,对方的工作、嗜好都令你好奇,你很欣赏他,觉得他很聪明。

第四种是灵魂的来电:你的心是完全敞开的,跟对方有很深的连结,感觉可以一辈子在一起。无论跟男人或女人、年轻人或老人、猫或狗,都有可能产生灵魂的来电。

小心不要把吸引力(来电)与"他是对的人"混淆在一

起,因为感受到以上某一种或所有的来电,仍不代表他是适合你的人。吸引力只是跟某人在一起的理由之一,而不是主要的原因。

有吸引力
不等于"灵魂伴侣"

许多女人喜欢上一个男人后,就很难放下他,虽然知道他跟理想中的对象差得很远,而且根本就不爱她,对她很糟糕,可是因为女人那种所谓的"感觉",就好像跟对方有一种特别的连结,就觉得要继续和对方在一起。

错认了灵魂伴侣

艾米丽时常抱怨最近认识的彼得整天忙着工作,不太理会她。艾米丽不断主动打电话邀他出来,彼得偶尔也会愿意跟她见面。艾米丽不会考虑放弃彼得,因为她说他们两人之间有一股很强的吸引力,每次只要在彼得身边,她整个人就会变得很兴奋,很想靠近他,不管两人一起做什么或说什么,只要能跟彼得在一起,她就很开心。她说自己认识很多男人,可是很少有男人让她有这种类似整个身体都被电到的感觉。艾米丽一直强调自己跟彼得有种特别的连结,觉得这种感觉很难得,虽然才认识一个月,可是当她看着彼得的眼睛时,觉得两人好像之前好几辈子都在一起,她把彼得当成灵魂伴侣。艾米丽在第三次约会时就跟彼得上了床,后来彼得却对她爱搭不理的,这让艾米丽怀疑他的真情。彼得几次主动邀约,都是临时有空才打电话叫她出来,从不会提早跟艾米丽约。虽然这给艾米丽带来了许多的麻烦和委屈,例如让艾米丽不得不改变她原本的计划才能赴约,可是她还是忍受着这样的对待。

我问:"你不觉得你值得一个会主动关心你、尊重你,提早跟你约时间并带你出去玩的男人吗?"她说:"我等了好久,好不容易才找到一个让我这么有感觉的男人,当然不想放弃,而且我才不要回去过那种孤单的单身生活。"

艾米丽的故事是一个典型的例子,当女人太快就跟不熟的男人发生了关系,事后才发现这个男人对她不好时,通常已经太迟了,她已经荷尔蒙"中毒"了,再怎样都不肯戒掉。或者，她要等到经历过一段很长的痛苦与内在挣扎的过程，最后才愿意离开。那时，艾米丽或许会发现，她已经浪费了好多年轻宝贵的时间在这个她在一开始就知道无法给自己幸福的男人身上。

女人时常会把像艾米丽跟彼得之间那种很强的来电误认为是一种很特别、很深刻的连结，或许他们真的上辈子曾在一起，可现在艾米丽也同时被荷尔蒙所影响。我听过一些常上心灵成长课程的人把两人之间的吸引力描述成灵魂伴侣的关系，就算这种关系很差，对方对她不好，她也深信不疑。我听女人说过："我们上辈子就在一起，所以这辈子也要在一起，才能够完成我们的功课。""我们的关系是老天爷指定的，无论如何就是要在一起。"

试想，如果对方真的是你的灵魂伴侣，他会对你不好，使你受这么多苦吗？

有吸引力不等于"灵魂伴侣"，而且亚当与我的故事证明，即使拥有灵魂的来电，也不代表对方就是适合在一起的对象。其实不管你跟对方是有身体的来电、情绪的来电、头脑的来电、灵魂的来电，或其他所有种类的来电，不管吸引力有多激烈，还是需要花足够的时间认识对方，了解他的人格与人生价值观，并特别注意他是否对你很好，以及你跟他在一起的感觉，才能判断他是否适合成为你的伴侣。

荷尔蒙造成致命的吸引力

美国神经生物学家费雪博士研究发现，谈恋爱跟毒品上瘾一样，会触发我们的多巴胺系统，这个系统负责统筹人类的快感与上瘾症。她观察失恋后的情侣的脑部活动，发现他们的多巴胺系统仍非常活跃，但是他们又知道对方不是对的人，必须离开。失恋的人跟戒毒的人一样，一旦结束这段关系，在身体、心理与情绪上都会经历很大的痛苦。

费雪博士发现，刚失恋的人除了拥有很活跃的多巴胺系统之外，有关冒险、控制愤怒、强迫症及身体疼痛的脑部区域也非常活跃。这些发现让我们了解了为什么破碎的关系会触发健康问题，让被抛弃的人想要杀人、心碎的人做出愚蠢的事。费雪博士说："这时你会感觉到很激烈的浪漫激情，也变得很敢冒险，但你的身体却感觉疼痛，你无法抑制地想着对方，挣扎着要去控制自己的愤怒，这是一个很糟的组合。在这种状况下,你无法使用完整的认知能力,脑部管理理智的部位很有可能是不工作的。"

西方会使用抗忧郁跟抗焦虑的药物来帮助有这些症状的人,以避免他们受不了疼痛,而做出伤害自己或他人的傻事。每天翻开报纸,在社会新闻版,我们常常可以看到分手后的恋人杀人放火、自杀、泼硫酸等各式各样的悲剧。

另一种状况是,即使失恋后没有做出任何伤害人的事,分手以后的自责、认为自己不够好、觉得自己做错了什么,以及拿一把无形的利刃往自己的内心捅,造成内伤、忧郁、没自信,这种伤害其实也会贬低自己的价值,并降低对自己的尊重,让他人与自己的关系受到很大的损害。

我们需要好好地保护我们的心,尤其是女人,因为女人身体的架构与荷尔蒙的影响,当女人跟一个男人发生关系时,就是在冒着爱上对方的危险。保护你的心,就是在爱你自己。

小心你爱上的
是对方的灵性美而非他的人

我曾经好多次以为自己爱上了对方，最后才发现其实我只是爱上了他的灵魂。以前跟某些男人在一起时会让我整个人亮起来，让我感受到平常不会有的喜悦，当我看进他的眼睛，好像就能够看到他的神性，跟他在一起，我见证到人类的美、脆弱与爱。跟他在一起的我好像连结到一股神圣的力量，觉得对方好像是神派给我的天使，因为他的存在而让我感受到这么多爱。虽然我会有种上了天堂的感觉，但这些男人的个性与行为有时也让我无法忍受。其中有些是有暴力倾向的男人，有些对我忽冷忽热，呼之即来挥之即去，有些甚至会欺骗我。虽然身边的人都叫我跟他们说："滚蛋！"我自己也很清楚他们不尊重我，对我不好，但是两人之间美妙的连结会让我无法立刻斩断跟他们的来往，会挣扎一阵子，把对方的问题当作是老天爷用来刺激我成长的考验。那是年轻时候的我，现在我知道其实自己爱上的是他的灵魂，也就是每个人内在最美、最纯洁的灵性。我通过这些男人连结到人类的神性，让我误以为是爱情。

常会有很优秀的女人，跟我以前一样，误以为男人的神性等于他本身。然而这些男人的人格、个性、行为与对待女人的方式，却一点都不具有神性。女人爱上的是这个男人的精华，她的心连结到那个男人的心，通过他触碰到女人自己内在最深的爱，直到男人的人格开始浮现——那个会酗酒、跟其他女人在网络上暧昧、说话不算话的人格。

他是否对你好，跟他的灵魂一样重要

当女人爱上一个男人的灵魂时，该怎么办呢？你应该切断这个会使你感到狂喜的爱吗？还是继续忍受他的虐待，抱着他可能改变的希望？你觉得你的爱能够改变他的坏习惯、融化他的恐惧，让他有一天能够醒过来好好珍惜你吗？

请不要再欺骗自己了，男人的人格、个性跟他的灵魂一样重要。而且，他如何对待你才是最重要的。如果你正在与一个新对象交往，而他无法持续给你基本的尊重、善待、关心和体贴，也没有给你应得的对待，那就不要再犹豫不决了，不管他的灵魂有多美，都不要再花更多精神在他身上。如果你不走，继续让他对你不好，你只会持续遭受恶劣对待，男人也会开始在他的潜意识里看不起你、贬低你的价值，更别期待他会爱你。

在这样的爱情关系中，很多女人觉得对方的灵魂无比深刻、美丽、善良，感觉对方是天底下最适合自己的男人，觉得他对自己构成了很强的吸引力，但跟他在一起却没有安全感，只会感觉一团糟。如果女人跟一个让自己很没安全感，而且从他身上得不到平静的男人在一起，可以自问是不是只爱上了他的灵魂？如果是的话，请不要责怪自己、怀疑自己，你只不过跟我以前一样，误以为忍受他不好的对待是学习成长的机会。或许问题只是你还不够认识他的人格，只感受到他的灵魂就一头栽进去，跟他发展关系。如果你意识到这就是你，你有没有勇气把自己从这种糟糕的关系中救出来，就要看你到底爱不爱自己了。

请不要把男人的灵魂误当成那个男人，他的灵性每个人都有，请替自己找一个不只是灵性美，而且在人格与对待你的方式上也一样美的男人。另一件你可以做的事，就是在其他地方找到那种神性的喜悦，其实那个感觉是来自你自己的内在，有时候恋爱会更刺激这种感觉。恋爱不是唯一能够让你连结到神性的方法，其他方法还包括花时间去大自然里、跟大自然连结、做你最有热情的事、听会启发你的音乐、跳舞、从事任何让你有灵感的艺术创作。你如果发现自己没有爱情就不行，或许你的生活就是缺少这种发挥灵感的机会。问问自己：我需要做什么、给自己什么样的空间与多少时间、要去哪里，才能够在生命里不通过恋爱也能感受到神圣的喜悦。

性与心很难不连结

根据自己的经验,我奉劝女人不要太快跟男人发生关系,不然,不是你黏上他,就是他黏上你。就算你在发生关系之前,已跟他说清楚你们只是炮友,但如果这个男人很喜欢你,他仍会想要拥有你。

我曾经有一个性伴侣,虽然在发生关系之前就已经很清楚地跟他说:"我可以跟你做爱,可是我不想当你的女朋友。"之后,当我喜欢上别的男人时,他却很生气,对我很凶,但我知道他也没有办法控制自己。一般地说,女人可能在感受到他的忌妒、愤怒之后,就会远离他,原本的友谊也会被破坏。虽然我还是继续跟他保持了朋友关系,却消耗了自己很多的精神与能量跟他沟通,也必须忍受他不友善的对待。如果当时我知道荷尔蒙的影响,知道很难有性行为又不执着于对方,我会选择只跟他做普通朋友。

  我一位学生也有类似的经验。对方跟她说得很清楚,双方只是炮友,但她还是会抱怨一起出去的时候那个男人都不介绍她是女朋友,只说是普通朋友,让她觉得未被尊重,心里很难过。我提醒她:"当初是你答应当他的炮友,这样的话,你可以怪他吗?"我问她:"你真的觉得可以跟喜欢的男人当炮友吗?"她摇摇头,说知道下次再不会跟自己喜欢的男生成为炮友了。因为上床之后会黏上对方,如果是对自己本来就喜欢的人,就更是如此。

  我唯一跟男人上床而没有黏上对方的经验,是在旅行中的艳遇。旅行中的艳遇没有负担,相处几天之后就离开,各自回到自己的国家。可我的经验是,如果我跟一个人上床,之后一段时间我还是会想着他,这个人会占据我的头脑与我的心。你跟一个男人做爱的时候,你的身体跟你的心是连结的,不可能对这个男人没有感觉。有些女人没有让自己的身体跟心连结,所以跟男人上床之后不会爱上对方。只要你的身体跟心是有连结的,多多少少还是会对这个人有感觉。我的建议是,不需要让你的心冒这么大的险,先好好认识对方,确定他适合你,再跟他发生关系吧。

建议没有性经验的熟女,要为爱冒个险

进入性关系之前,给彼此足够的时间认识对方,这个建议是给一般会谈恋爱、有性行为的人。如果你有相反的问题,是那种很害怕跟男人亲密,或从来不会有性关系,而过去也没有性创伤的经验造成你对性爱的恐惧,你只是对自己的身体没信心,或害怕跟对方做爱后他会离开你,尤其是如果你三四十岁而从来没有做爱过,我会给你相反的建议。你或许应该勇敢地跟一位你喜欢的男人更进一步地亲密,甚至跟他上床,愿意冒这个险(当然要戴保险套),你才会更了解自己,有机会成长。如果你有性创伤的经验,就需要找专业的创伤咨询师帮助你疗愈伤口。如果你长期过度地保护自己的心,就需要冒险让自己的心裂开,爱才会流动。

第二章

关系好坏
取决于意识的高低

何谓支持彼此
活出最高版本的自己？

　　我在意大利遇见马利欧，我们相遇的地点十分浪漫。第一次约会，马利欧就带我去爬山，这是我最爱的户外活动之一。我搭上他的小跑车，一边听他介绍这个位于地中海与山交界处的美丽村落，一边欣赏窗外的风景，这是我看过的全世界最美丽的地方之一。他带我去爬一个名叫"神的道路"的登山步道，马利欧不太清楚步道的位置，一路上我们因相谈甚欢而迷路了好几次。曾经有位爱情专家指出，当男女一起经历不同于日常生活的经验时，就会增加两人之间的亲密感。当我们终于找到步道入口时，感受到一种共同解开谜团的喜悦。

　　那天的天气特别好，天空万里无云，艳阳四射，我们可以眺望海洋上好几公里以外的景色，一边走在神的道路上，一边向对方倾诉着自己对爱情关系的看法。他告诉我他对女人的了解，说将来再也不会重蹈覆辙，为了得到女人的爱而奉献太多。回头想起来，当两人还没发生关系，男人还是会很坦白地告诉你他对关系的定义、态度和他的真实状况。我从他的话里听出，他过去在关系中一定受过伤，现在才会极力想保护自己。当时我并没有把马利欧当作会发生关系的对象，所以也没有太留意他说的话。马利欧讲完后，也问我对于关系的看法如何、我想要怎样的男人、拥有怎样的关系。我很明确地跟他说我要的是能够鼓励彼此去做最有热情、最有意义的事，支持彼此成为最高版本的自己的人，我希望我的伴侣是一位愿意自我探索、自我成长的男人。马利欧不太懂我的意思，问："什么是支持彼此成为最高版本的自己？"我解释说："许多人进入关系的原因是自私地想要拥有彼此，把对方当作"我的"，却不太会为对方着想怎样的经验会对他最好。"

我告诉马利欧我最喜欢的作家肯·威尔伯的故事，肯被誉为意识研究的爱因斯坦，他曾交过一个女朋友，名叫玛西，两人在一起五年，彼此相爱，但双方都知道他们有一天终会分开，因为玛西想要当妈妈生小孩，而肯很清楚他不想要小孩，肯跟玛西都一致认同玛西想要当妈妈的选择是对的，那对她是件有益的事情。肯为了帮助玛西完成她的梦想，把她介绍给自己最好的朋友史都，史都也深爱着玛西。最后肯与玛西的结局是用结婚向彼此告别，彼此感恩他们在一起的美好的五年，也代表无论如何他们会永远爱彼此，也支持对方实现梦想。肯祝福玛西与史都婚姻美满，一年后玛西与史都生了小孩。有些人会认为他们的故事听起来像个丑闻，可是对肯、史都、玛西与所有认识他们的人来说，这件事再自然不过。

我对马利欧说："肯如此无私地帮助玛西，才是真正的爱，真正的爱不是自私的，不是为了自己想要得到什么，或是想要拥有对方。"我一边讲，马利欧一边摇头，在他的传统观念之下，无法理解这样的状态。

他讶异地说："这怎么会是爱呢？肯根本不爱玛西，才会把她交给另一个男人；肯如果很爱玛西，就会愿意跟她生小孩。"

我说："可是肯就是不想生啊！他们都要尊重彼此的选

择啊!"来自于意大利天主教传统背景的马利欧,没办法接受肯把他的爱人交给他最好的朋友的办法。

马利欧让我想起,我常在两性工作坊中为学生分析两性专家大卫·戴达所说的处于三种意识层次下的男性与女性。如果把进入关系与婚姻的动机分成三种层次,简单来说,第一个层次是为了"我",第二个层次是为了"我们",第三个层次是为了支持彼此"心灵成长"。马利欧没办法了解第三层次的无私大爱,因为他自己也承认他是个"爱情恐怖分子"。

三种意识层次的女人与男人

每个人都有男性能量与女性能量,多数女人的女性能量较多,多数男人的男性能量较多,但也有例外。女人要的跟男人不同,女人寻找的是满满的爱与生命力,男人寻找的是空间无限的自由。从男女做爱的意象中能看到女人臣服在男人的怀抱里,渴望被爱灌满,男人期待高潮射精,进入释放性欲之后的解放与空。

女人代表爱与生命力的光彩,男人代表稳定的意识。我们能够从女人寻找"爱"的方式,看出她属于哪个意识层次;从男人寻找"自由"的方式,看出他属于哪个意识层次。利用意识层次的分别,能看到自己处于自我发展的哪个阶段,进而意识到更高的潜能,用健康的方式得到我们想要的爱与自由。希望这会启发你成为一个充满智慧与爱的人。

如果能从内在找到更多的智慧与爱,我们就更能创造健康的爱情关系。

第一层次:低意识的女性

低意识的女性会通过拥有外在的人事物来满足她需要爱的感觉,任何能使她感受到充满爱的人事物,她都会尽量取得。她会在家中摆满东西,衣柜里塞满皮包、衣服、鞋子、首饰、化妆品,厨房里堆满食物,喜欢吃巧克力与各种甜点,喜欢家里很热闹、爱聊天、讲电话、跟朋友喝下午茶。

她渴望伴侣送她礼物,在物质上给她很大的满足,需要伴侣一直展现对她的爱,给她很多注意力,不断地跟她互动。低意识的女性如果得不到这些,便会做出一些破坏性行为来得到男伴的注意力,例如,先生在看球赛,没有理她,她就故意或无意识地在厨房打破先生的啤酒杯,使他需要进入厨房查看发生了什么事;或先生时常出差不在家,就算在家话也不多,太太就故意或无意识地把他的电脑弄坏。她宁愿看到先生的愤怒,也不要面对先生的冷漠。有些低意识的女人会把自己变成受害者,成为一个无力、受控制、被占领,甚至被伤害的女人。例如,一个遭到家暴的太太,先生打她后都会宣称他多么爱她、需要她,请她不要走,太太就会觉得有自我价值感、感受到很多爱,这些都是低意识女人变相扭曲地寻找爱的方式。

第一层次:低意识的男性

低意识的男性会给自己设定一些挑战或目标,通过达到目标感受到暂时的自由跟空性,例如,设定自己要赚多少钱,达成目标就能够有物质上的自由,或是当他获得自己所追求的女人,就会有一种"赢了"的感觉。如同男人喜欢看球赛,他所支持的队伍如果打败对方获胜,他就会有一种胜利、释放和解脱的感觉。低意识的男性会想要从压力与周围的事件中抽离,回到家就什么都不想管,希望老婆、小孩不要吵他,一直待在屏幕前看电视、玩电脑,麻木自己,让自己放空。有些低意识的男人会用他的权力与力量去控制、占领、伤害女人,让他能够得到自己想要的,例如,强暴女孩或是跟很多女人上床,却从来不用心跟女人连结,这些都是低意识男性变相扭曲地寻找自由的方式。

第二层次：中意识的女性

中意识的女性比低意识的女性成熟了许多，她知道无法靠外在的人事物来得到爱，也会努力让自己变得独立自主，能够照顾自己，自己赚钱。这种女人有时会变得过度阳刚，变成女强人而失去女性的温柔与柔软，变得无法臣服。这些女强人好不容易从第一个层次成长到第二个层次，不会轻易放弃独立自主的生活，但心底还是渴望爱，希望被一个意识比她高的男人爱。问题在于当女人无法臣服，爱就很难进入她的生命。

中意识的女性擅长用头脑思考，而较不懂得用心感受，她们过于理性而不习惯表达心里不舒服的感觉，害怕告诉对方她的真实想法。例如，当她的男人做出背叛诚信的行为，她不会表达内心的难过，只会用理性的方式对待他。当女人只用理智跟男人沟通时，男人就会变得自我防卫，双方容易因此而吵架。女人如果懂得用心跟男人沟通，暴露自己脆弱受伤的情绪，允许自己流泪，男人就比较能了解女人的心。中意识层次的女人切记勿将女人的感性完全转变成理性，女人愿意敞开自己表达真实的感觉，这对男人来说是份礼物，能帮助愿意成长的男人看清楚自己,鼓励男人成为最有尊严、诚信的自己。

第二层次:中意识的男性

中意识的男性从第一层次成长到第二层次,他不再会控制、占领、伤害别人。他会变得敏感、柔软,有时反而变得太阴柔,而失去了男子气概。他不再执着于成功,可是他失去了目标、动力和奋斗的精神,不敢当一位"心的战士",无法鼓起勇气用男性的阳刚来爱女人。例如,有些新时代的男人会留长发,花很多时间打鼓、跳舞,喜欢去大自然里,重视放松与自由,不想有任何压力或责任。他们没有目标、计划、方向和动力,很容易成为女人的"手帕交"。那些很斯文、客气、过度温柔小心的男人也比较难交女朋友,即使他们想有狂野的性关系,也只能抱怨女人只想跟他们做朋友,不想跟他们上床。

中意识与低意识的男性对待女人的态度完全相反,中意识的男性对女人非常礼貌、体贴和尊重。他失去了男性的杀气——为了爱敢冒被拒绝的风险、为了爱不惜拼命的杀气。

他不敢用阳刚的爱去拥有女人、征服女人，因此很难对女人产生性吸引力。如同他的生命没有方向，对女人也不敢给承诺，女人不会想要跟这种不够阳刚的男人在一起。这种男人容易被戏称为软脚虾或孬种，他们不敢活出阳刚的男性力量，但内在仍保有这股原始能量，这股能量会转变成一股欲望，促使他们在私底下看A片或充满暴戾内容的电影，借此释放内在男性的原始驱力。

男人清楚他要的是什么，且有勇气去争取，这对女人来说是份礼物，能支持女人变得更敞开、信任、臣服地迎接更多爱。

第三层次：高意识的女性

第三层次的女性已经融化了第二层次意识戴的盔甲，她不需要证明自己的价值，也不会为了自主而过度使用阳性能量。她将自己敞开，对生命臣服，她很有安全感，因为她持续跟一股更高的力量连结，知道一切都是神圣的安排，允许生命力如水一般通过她而流动。她愿意拥抱所有且全然敞开，允许生命所有的色彩、酸甜苦辣、喜怒哀乐都透过她得以显现。男伴对她感到惊艳不已，因为她能够在男伴面前展现所有的女性能量,她可以是母亲、小女孩、好朋友、女神和妓女,从最纯洁、最慈悲到最动物性、淫荡的女性的能量她都能展现出来。她是有选择性的,只有信任的伴侣才看得到这一面,不会轻易在外面如此敞开自己。要做个对男人有价值的女人,必须愿意臣服,让所有不同的女性能量实现出来。男性能量像是纹丝不动的见证者,不断地想要从这个世界抽离出来寻找自由,需要凭借女性多姿多彩的生命力将他吸引来参与生命。女人如果不愿意给男伴某种特定的能量,他就会去别的地方寻找,他会被身上有那股能量的其他女人吸引。

放下"好太太"形象的制约

杰森承认他有外遇,我问他是不是从老婆身上得不到某些东西?他说,自从结婚以来,他老婆不再对性有热情,她只给他"母亲"与"好太太"的能量。几年过后,他遇到一个充满惊喜与乐趣的女人,这个女人给了他活力与启发。当我解释给他老婆听后,他老婆放下信念里对于"好太太"应有形象的制约,允许她狂野喜乐的那一面重新展现出来,开始给他老公"玩伴"与"妓女"的能量。几个星期之后,他不再去找他的情妇,现在两人的关系进步到计划孕育爱的结晶。

第三层次高意识的女性寻找爱的方式是通过各种灵性练习,例如,祈祷、向高我臣服、神圣舞蹈、唱咒语、跟自己的神性连结、允许宇宙的大爱流进她的生命里。她随时随地都在体验爱,通过她的五官享受当下的美,在日常生活里的每一刻都能欣赏万物的神性,包括所有的人性。她不像第二层次的女强人那样被卡在理性的头脑里强调公平。她有勇气自然地表达真实的感受,包括她的脆弱。因为她持续敞开,在性爱的过程中愿意让自己全然地臣服于对方,看到对方的神性。她越能臣服,就越能够迎接男伴给她的能量,也越能够给出她的爱,让男伴沐浴在她的爱中。

第三层次:高意识的男性

第三层次的男人是很稳重、意识广大、有方向的男人。他很清楚他的使命与生命的意义,不容易动摇。他的视野开阔,能看到整体,他像是一个很稳固的平台,允许女伴全然地表达她自己。女人释放愤怒或表达失望时，他不会像第二层次的男性那样因过度敏感而退缩，或只用头脑不用心地跟女人辩论。他能够持续用心跟女伴连结，甚至用幽默的态度包容女伴的情绪，因为在他广大的意识里，这些小事情都微不足道。高意识的男人不会像第二层次的男人那样害怕用爱去占领女人，他能够用一股坚强男性的爱去突破女人任何的抗拒。他能够带领伴侣到一个更高的境界，过更有意识、有目标的生活。男人对女人的价值在于，要能够带领她经历女人独自一个人无法获得的经验。如果男人没有方向，不能带领她前往她自己无法到达的地方，女人会开始从其他地方寻找这股有方向的男性能量，例如，爱上她的宗教团体、心灵导师或游泳教练。

第三层次高意识的男性寻找自由的方式是通过静心、培养内在的见证者、学习静静地观照见证，提高自己的觉知。第三层次的男人已经不在乎自己要什么，也不执着于那些在一起创造的东西，他在乎的是两人在一起有没有解放伴侣最深的爱？实现伴侣的使命？有没有帮助彼此活出各自的潜能与最高可能性的自己？

关于臣服的误解

女人对第一层次男人臣服的危险

女人必须懂得臣服,才能够感受到爱,让爱进入生命。除了臣服本身,许多人忽略了臣服的对象是谁也相当重要。向自己的神性臣服,会使你连结到神圣、高意识的爱,可如果是对一个低意识的男人臣服,你就会变得很痛苦。

我曾读过美国两性专家大卫·戴达的许多书,刚开始接触到这位作者时,我从他书中学习到臣服的重要性。通过经验我了解到,如果能够对你信任的男人臣服,性爱就会变得非常美妙,你也会变得更能接受爱。可是当女人对一个低意识的男人臣服,只会牵动男人的低意识,引出他的控制欲和占有欲,引出来自他内在小孩那没有安全感且一定要控制、占领你才会有安全感的低意识。如果你会牵动男人的低意识，代表当时是你低意识中的受害者在参与这段关系，你并没有将高意识运用在这段关系中。

我曾经跟一个男朋友住在国外，有一次我跟他说我想念母亲，很想回去看我母亲，那是我在试着向他表露我的脆弱，但他却利用我的脆弱来批判、攻击我。他批判我太软弱，有一次他装小孩子的声音嘲笑我："你只是想要回家找妈妈抱抱。"他不想要我离开，所以用批判嘲讽的方式来说服我留下。如果我早知道他是这样的人，我就不会那么容易臣服、暴露我的脆弱给他看。

相反的，如果你对你的伴侣已经有足够的信任，你们之间有稳定的爱，当你跟他做爱时，可以臣服于他的神性，虽然他也有一些低意识的特质和缺点，可是就整体来说，他是一个可靠且有诚信的男人，做爱时不要专注在他的缺点上，不然你不会想跟他做爱。所以，你要做的，是对他的最高意识臣服。

在性爱上过早臣服的危险

一般来说，臣服属于高意识的女性特质，能够敞开迎接爱是高意识层次的作为，可是如果没有运用智慧去辨别对方是怎样的人就向他臣服，这种行径就属于女性的低意识。女人最显而易见的臣服方式之一是性爱，通过性爱让自己对男人臣服。提醒你：如果你太早跟一个男人上床，就是你内在的小女孩在作祟，因为她很渴望被爱，是不成熟的你在跟他上床。太快跟男人有深入且亲密的连结是危险的，因为你无从得知对方有没有能力去照顾你的内在小孩、不知道他是否适合你、会不会伤害你、是否成熟到能够接受你内在的小女孩。这个状况好比你是位母亲，有位陌生人说有空可以帮你带小孩，你在不认识这个人的状况下就把小孩交给他带。天底下没有母亲会这样做，做母亲的一定会确定对方是值得信任、可靠安全、会照顾与保护小孩的人，才会把小孩托付给他。同样的，当你很渴望被爱时，你会轻易地放下你的界限，让对方予取予求，跟对方发生关系。太快把内在渴望爱的小女孩交给一个男人，太早让自己向对方臣服，其实是低意识的行为。

在情绪与心理上太早臣服的危险

另一个太早臣服的状况,是你太早跟他说你的故事、秘密、痛苦、受伤,以及你跟其他男人破碎不堪的历史,很敞开地把内在的世界暴露给他看。当你跟对方还不熟悉时,在情绪与心理上如此赤裸裸地暴露给他看,这也是一种太早臣服的行为,一种不认识对方就把内在小女孩——那个很脆弱的你交给一个陌生人的行为。这种行为的危险性在于那位还不认识你的男人可能会被吓跑,而不敢跟你有进一步的认识,这么快就让他看到你内在有这么多问题,他可能就不会想要更深入地了解你了。这跟太早发生性关系一样,你根本无从得知他是否够成熟,是否能接受你的黑暗面。

向对方倾诉大量的私人信息与秘密,潜在的另一个风险在于,如果对方不够成熟,他可能会根据这些来衡量、怀疑、批评你,并自私地利用这些讯息来让自己占上风,甚至用它们来伤害你。在关系开始的初期,双方需要创造开心、正面、轻松的相处经验,一直到双方之间有足够的信任感,再开始分享黑暗的秘密。

如果你发现自己才刚认识对方不久,很快就将最私人的问题都暴露出来，这是你生命中缺乏爱跟支持的征兆，导致你遇到一个愿意听你讲话的人，或是让你觉得会照顾你的人时，就把你内心最深处的世界交给他。如果你有这个倾向，请拨出更多时间与空间好好爱你自己，慈悲地去陪伴你内在那些需要被了解的感觉。你可以把它写下来，让那些感觉在写的过程中被你听到、照顾到。你也可以去认识新朋友，去结交一些跟你有很深连结的人，可以听你的秘密，会听你讲话但不会批判你的朋友。确定生命中有足够的知心朋友，你才能够得到足够的关怀跟支持，如此当你跟男人有连结的时候，就不会马上暴露内心最私密的世界。这就像是把所有衣服都脱掉，赤裸裸地站在你刚认识的男人面前，你臣服得太快也太早了。请在两人都有足够的认识与信任时，再暴露你内在的世界。请不要着急，如果他是对的人，你们将来有许多时间可以慢慢倾诉彼此最深、最黑暗的秘密。

第三章

进入关系的动机
会决定关系是否健康

不健康的意图
吸引不健康的关系

老朋友佩蒂介绍我认识布鲁斯,她觉得我们很相配。佩蒂很了解我,知道什么样的人适合我,所以我同意她把我的电子邮件给布鲁斯。我跟布鲁斯在网上交往了八个月,才真正见面。

终于要见面的那一天,我在地铁上既期待又兴奋,觉得即将跟一个会改变我人生的人见面。我依稀记得当时走出地铁看到布鲁斯时,我看到的是一团灰色的能量,他的气场颜色低沉黯淡,我心想:"天啊!这是他吗?他好忧郁!"但我没有听从直觉,反而感受到一股义无反顾的拉力,让我一定要跟他在一起,这股拉力并不是性吸引力,而是一种想要拯救他的感觉。

其实在佩蒂第一次提起他后,我就能够在脑海中看到他的脸,他看起来好像不希望我接近的样子。有时我发现自己睡前会在心里跟他对话,告诉他:"我知道我们会见面,不要怕我,我不会伤害你。"在见面之前我常常梦到他,也曾写电邮告诉他,我在梦中看到他穿橘色夹克、乳白色裤子与白色T恤骑着自行车,他回信说:"我的天啊!你会通灵吗?那是我时常穿的衣服,而且我常骑自行车走来走去。"

有时候人跟人之间有业力,两人难免要经历一段过程。但这个故事的重点在于,一个人还是可以选择不要参与,如果我在看到他灰暗的气场时,便听从内在的声音,并能够智慧地知道自己无法拯救另一个人,就可以选择与布鲁斯当朋友就好。

见面交往一个月后,他问我:"如果我们交往一切顺利,你愿意跟我结婚吗?"于是我决定放弃工作,搬去跟他住三个月,看看我们是否能相处。我会这么快决定放弃一切,跟他在一起的原因是,那时候的我一直都想要找一个稳重、稳定、知道自己要什么、很坚强和阳刚的男人,而他看起来就是这样的男人。那时候的我跟大多数的女人一样,觉得自己如果跟这样的男人在一起,就可以有个依靠。我进入关系的无意识动机是"依赖",以这样的动机进入关系,想当然会出很多问题。

相处三个月后,我发现我们之间的差异非常大。我很单纯,容易相信别人。他则非常神经质,对人充满了警戒心,总是害怕别人会利用他、占他便宜,甚至伤害他,我们常因此而吵架。有时候,他会说话不算话,同居前他答应我家中会保留一块空间让我做瑜伽,同居时,他却坚持要用大家具把客厅的空间摆满,使我根本没有地方可以做瑜伽。他甚至有暴力倾向,吵架的时候会朝我身上丢东西。最让我受不了的是,吵架时布鲁斯不愿意面对与解决问题,他会一直怪我,不愿意道歉,也不愿意原谅,只会不断生我的气。而每当我对我能负责的部分跟他道歉,跟他承认我的缺点与弱点时,他就会讽刺我的脆弱,利用这个机会再刺我一刀,或用我暴露的缺点来证明他是对的。他不愿意认错、不愿意和好,一直到我说要离开他,真的开始打包时,他就会崩溃,像个小男孩一样哇哇大哭,开始道歉,求我不要离开。这三个月的交往非常辛苦,我很快就发现他不适合我。

我学习到，如果我期待从对方那里获得什么而进入关系，我会失望。当我对男人有期待，我就会像瞎眼一样看不出对方是否适合我。随着这段关系的结束，我希望找到一个可以永久依靠的男人的梦想也破碎了，从此我不会为了想要有依靠而进入关系。回头看来，其实这是个恩惠，清醒过来的我发现一个事实——人无法依赖任何关系或婚姻来获得幸福快乐，那只有你自己能给。虽然我的理智早就知道这个事实，但是必须亲身经历痛苦，才真的愿意放下对关系或婚姻的执着。

婚姻到底承诺了什么?

"不够好"的丈夫

杰克决定来接受心理治疗,因为他常常对妻子大发雷霆,他很讨厌自己脾气这么差,也不希望自己总是跟妻子针锋相对。他知道自己不应该这样对她,也知道自己每次失去耐性地大吼大叫,对妻子都是一种伤害。有时冲突的起因只是一些意见不合的小事,杰克是个很理性的人,显然他会暴怒的原因不是小小的意见分歧,一定有更大的事情困扰着他。于是我带领他进入内在的感受,他感受到巨大的压力,觉得自己必须成为一个完美的丈夫,一个穿戴着闪亮盔甲的白马王子。因为妻子曾经被前任男友伤害过,于是从关系一开始他就承诺自己会让妻子有安全感,使她重新恢复对关系的信任。杰克真的想要信守承诺,但感受到很大的压力,每当他们有意见分歧，都让他感到害怕。当妻子与他的意见不同时，杰克都很生气并采取攻击方式，在他的愤怒之下，隐藏的是他的恐惧，他害怕自己是个"不够好"的丈夫。

我问杰克："你真的认为，你可以拯救你妻子对关系的不信任，并改变她没有安全感这件事吗？"

杰克回答："我一直非常努力，因为我是她老公，我觉得这是我的责任，但有时候又怕自己做不到，所以压力越来越大，越来越没有自信。"他的压力很大，只要跟妻子稍微有一点摩擦，就随时都有可能爆发。

我问他："你觉得继续信守承诺，拯救你妻子对关系的不信任和不安全感，会使你们的关系变好吗？"

杰克："这样会让我变得不快乐而且感觉不自在，但我已经答应她了。"

我说："你要不要考虑收回你的诺言？告诉她你要撤销你的承诺，因为这使你感到压力。你为什么会承诺给她安全感？"

杰克："因为我爱她，如果我不承诺要让她有安全感，我害怕会失去她。"

我说："杰克，你无法让你的妻子或任何人有安全感。

难怪你会有这么大的压力,你答应的这件事不在你的能力范围之内。学习信任和拥有安全感是每个人的心灵成长过程,你不能帮别人成长。所以,你应该承认你不能拯救她,你可以做的是拯救自己,让一个快乐自在的你自然地成为支持她的力量,当你是舒服开心的,很轻松就能创造充满信任与安全感的关系。"

我分享一个爱的比喻给杰克听:"爱情就像你握在掌心的沙子。当你轻轻地捧着沙子,沙子会留在你的手掌心。当你试着把沙子握紧,沙子就会通过你手指间的空隙流泻而出。"

我说:"你给她的承诺出自恐惧,因为害怕失去她。对妻子的执着让你做出这样的承诺,就像是要握紧沙子的手指,因害怕失去而握得更紧,但这不是爱,这是执着,执着会造成痛苦。你内在饥饿的小男孩就像你的妻子一样也想感受爱和安全,你的执着也源自这个内在的小男孩。但是,就像你无法让你的妻子感到安全一样,她也无法让你感到安全,即使她嫁给你,答应她永远不会离开你。"

杰克不是唯一要学习区别爱和执着的人。多数人都误认为执着就是爱，大多数人结婚、给出承诺的原因是害怕失去对方。这种恐惧与不安全感不是爱，恐惧只会使我们制造更多的执着与痛苦。

杰克问："那婚姻到底承诺了什么？"

我说："这是一个很好的问题。这取决于你结婚的意图，婚姻最高的意图是承诺自己走在灵性成长的道路上，并支持你伴侣的灵性成长。这意味着你愿意成长，成为最好的自己，并且也支持你的伴侣这样做。换句话说，两个人都可以通过婚姻，致力于活出内在的爱，并且成为一个成熟而完整的人，而不是因为害怕缺乏爱而紧紧抓住你的伴侣，要对方来填满你。当你开始爱自己，自由地依照真实的自己来生活，并追随你的热情时，你自然会有办法支持你的伴侣实现她的梦想和目标，体现她最高的自我。"

执着和爱的不同

许多人将执着误当成爱,像杰克一样认为伴侣的幸福是他的责任,或对方也必须对你的幸福负责。当你将重心放在别人身上,把决定喜怒哀乐的权力交给对方,你就失去了自己。当两人在关系中失去了自己,他们会感觉自己需要拥有对方才能让自己活下去,大部分人称之为"浪漫"。许多主流媒体、流行的爱情歌曲与电影在传播的都是这种浪漫的概念。

需要另外一个人才能活下去时,你就像个跛脚的无法靠自己走路的人,而伴侣则像是用来支撑你站起来的拐杖。当个跛脚的人有什么浪漫可言呢?这种互相依赖的爱情,其实会造成许多关系中的问题,甚至最后还会导致分手。

当我们将照顾自己的责任放在伴侣的身上,把不切实际的期待加诸伴侣身上，就会使对方感受到压力、无法做自己，并让两人的关系变得紧张。如果你的期待没有被满足，不免感觉生气、怨恨、受伤与失望。当你强迫自己对伴侣负责时，你就在将不需要的重担揽在自己身上。因为要求自己要成为一个"更好的"伴侣，你在关系中就无法放松自在。你会觉得自己必须不断牺牲，做自己不想做的事情，以为付出就是爱，但心里面真实的感觉却是疲倦、郁闷与不满。你害怕自己如果不付出，就不会是个好先生／好妻子、就会失去对方。如果你因为害怕失去对方而做或不做某些事情，而你内心对伴侣是抱怨的，这就叫作执着，而不是爱。许多人将执着误当成爱，如果我们能分辨两者，并记得爱是基于信任与自由，或许就能够放松紧抓着对方不放的手，创造空间让双方呼吸，并为自己的幸福快乐负起责任。当双方都能支持彼此真实地做自己，并为自己的人生负起责任时，你们的关系就会变得更健康，也会维系得更长久。

执着	爱
1. 我必须解决你的问题，如果我无法解决你的问题，我就会觉得自己很没用，不是一个好的伴侣。	1. 我会尽量帮助你，给你我可以给的，并承认我的局限性，支持你自己去解决你的问题。
2. 我需要拯救你，把你从不安全感、孤单、害怕、悲伤中救出来，因为我无法忍受看到你不开心。	2. 你要对你的幸福快乐负责，我给你空间让你经历你的负面情绪，我可以在这里聆听、支持你。
3. 我背负着你的情绪，你感觉不好，我也感觉不好。	3. 因为我爱你，让你开心满足是我的责任，所以我无形中会想要控制、拯救你。
4. 当你感觉难过时，我会感同身受，如果你需要有人聊聊，需要肩膀哭，我会在这里。	4. 我支持你去感觉你的感觉，替你自己的感觉负责，看到你是所有经验的来源。
5. 因为我爱你，即使你做出伤害我的事，说出伤害我的话，我仍默默接受。	5. 我很爱你，也很爱我自己，当你伤害我的时候，我会告诉你，让你知道。

6. 没有你，我的生命就没有意义，你一定要永远跟我在一起。	6. 我很感恩生命里能有你，我有没有你都可以过得很好。
7. 我很害怕失去你，所以我需要满足你的期望，给你所有你想要的，即使我感到压力非常大。	7. 我尽量给你我可以给的，因为我给予的都来自我的喜悦，对你付出让我感到欢喜。
8. 我不能拒绝你，因为我爱你，我是你的伴侣。	8. 当需要拒绝你的时候，我会拒绝你，因为我需要尊重自己，才有办法爱你。
9. 无论如何我们都要相守到老，没有你，我活不下去，你死了我也想死。	9. 无论我们会不会在一起，我都会永远爱你。我会永远支持你去你想去的地方，去做你想做的事。
10. 执着来自恐惧。	10. 爱来自自由。
11. 执着创造更多痛苦。	11. 爱创造更多爱。

进入婚姻的三种层次

大多数人结婚的原因是想要确保爱情,他们内在的小女孩／小男孩的内心像是个空空如也的洞,渴望丈夫／妻子喂给它爱。在古代社会中,人想要生存下去,就有结婚的必要性。这种基于恐惧的生存本能仍然存在于我们的潜意识之中。即使我们不再需要一个丈夫或妻子与自己过美好的生活,但我们仍然有想要一个稳定伴侣的原始本能。

众所皆知,许多先进国家的离婚率已经攀升到 50%。婚姻专家们指出婚姻失败的原因之一是,为了不健康的理由而结婚。如果可以厘清想结婚的理由,就比较容易看出我们是否对婚姻有不切实际的期待,最后才不会造成自己对彼此的愤怒与失望。

我们可以把进入婚姻的意图分为三种,这样的分类能给我们一个指导方针,让我们了解自己现在正处于意识的哪一阶段与成长的哪一方向,借此开创一个更健康、满足的婚姻/爱情关系。

每个人想要进入关系或婚姻的动机不同,有些动机属于意识层面,有些则是无意识的。为了解释以下的概念,我们笼统地把人类进入婚姻的动机分成三个层次。

第一个层次/低意识:以"我"为中心

第一个进入关系的层次是,为了"小我"的需求:

1. 你的小我会受到社会的制约与父母的影响,觉得只有结婚或拥有爱情才是正常的。因为几乎每个人都会结婚,你害怕如果没有对象、晚婚或不结婚,就代表你不正常。你用社会的价值观衡量自己,在乎别人怎么看你,你的自我价值与安全感来自自己是否跟大家一样拥有婚姻或爱情。父母也希望你结婚生小孩、传宗接代,或有个伴侣可以依靠。为了不让父母担心、讨好他们、让他们开心,这成为你进入婚姻的动力之一。

2. 你的小我需要从对方那里得到某种东西,你才会觉得被爱。你评估关系的角度也来自他有没有给你你想要的,例如,金钱、性爱、陪伴。你把重心放在对方身上,你的喜怒哀乐来自他的一举一动。你在关系里是否开心,取决于对方有没有满足你。

以下是低意识关系的念头,或许它埋藏在你的潜意识里,所以你觉察不到;又或许你不想承认,因为不想看到自己这么自私。

· 我需要拥有你,才会有安全感。
· 我是你的,你是我的。
· 条件交换:我可以提供金钱养家,可是你要听我的话,当个乖老婆。
· 条件交换:我可以顾家、生小孩传宗接代,但不论你去哪里都要带上我。
· 我要结婚才会是个正常人。
· 我需要一个依靠,我没办法忍受我的孤单,需要有人陪伴我。

·你要用我想要的方式对待我,我才会开心。

·都是你害我这么痛苦。

·没有我你活不下去。

·你使我完整。我的喜怒哀乐都是因为你。

·我们的感情至死不渝。

第二个层次/中意识:以"我们"为中心

第二个进入关系的层次或许包含了一些第一层次的意图,可其主要意图是为了完成共同的计划,评估关系的角度来自你们有没有成功地达到共同设定的目标或计划。例如,共组家庭、开一家公司、建立一个社区。把重心放在两人一起培养的人事物上,你的喜怒哀乐来自两人的小孩、一起创造的事业、共同进行的计划目前状况如何。因为双方的比重相同,所以会在乎公平、平等,例如,第一个孩子跟你姓,第二个孩子要用我的姓。

以下是中意识关系的念头:

・我跟你在一起，是因为想要生小孩并组建一个家庭。

・我跟你在一起，因为我们的才智天赋合并起来，能够建立一个很成功的事业。

・我们的家族以至亲戚都是好朋友，如果我们结婚，便可以共组温暖的大家庭。

・因为钱是我们一起赚的，如果你要买车，那我也要买钻戒。

・我侍奉你爸妈，所以你要孝顺我父母。

・孩子不听我的话，使我忧郁、生气、害怕、痛苦。

・我的喜怒哀乐来自我家里每个人的生活状况。

・孩子长大离开家以后，我不知道我的生命还有什么意义。

・如果我们的公司垮掉，那我跟你在一起就没意思了。

・这个家如果发生了什么大意外，我会不知道该怎么活下去。

・我们不能离婚，因为我们的经济、亲戚朋友都密不可分，分开会很尴尬。

第三个层次／高意识：以"自我／心灵成长"为中心

第三个进入关系的层次或许包含了一些第一跟第二层次的意图，但最主要的是通过进入关系分享原本就有的爱、鼓励彼此活出热情和实现目标，并支持彼此不断成长。心灵成长的意识是支持彼此提高觉知、替自己的生命与所有的感觉负责、表达真实的感受、包容、原谅、尊重自己和对方。评估关系的角度在于两人在一起有没有帮助彼此活出更多的爱、有没有提高自己与对方的意识、心胸有没有变得更宽广，周围的亲戚朋友是不是都能够明显地看出来两人变得更喜悦、更有力量，不只更爱自己和对方，也更爱所有的人。

在关系中学习爱

在关系中一定会遇到冲突,这时的人们很容易逃避,不想跟对方沟通,或像佩戴金属盔甲和一把锋利的剑开始吵起架来。在第三个层次的关系里,两个人都要练习爱,以下是在关系中学习爱的一些具体练习:

1. 当你意识到自己开始想把身体背对他时,就故意把身体面向他。
2. 当你不想看对方的眼睛时,就刻意看着他的眼睛。
3. 当你想要把心封闭起来时,就学习和对方沟通,表达你的感受。
4. 沟通时不批判与责备,只说什么事让你有什么情绪,避免触发对方的防卫心。

5. 当你想要逃离的时候，克制自己留下来。

6. 当你的能量都涌向头部，一直想要批判他时，去感受你的心，感受心里的痛、伤害、愤怒，让这些情绪流动，用不伤人的方式把情绪表达出来。

7. 当你比较放松后，自我反省，对自己的情绪负责，了解这些感觉的源头是自己。

8. 检讨自己有什么缺点或弱点使自己创造痛苦。承认这些缺点，并跟对方道歉。

9. 当对方要去他想去的地方，做他想做的事，但你却想要他留在你身边时，请鼓励他去做让他开心的事。而你，则要陪伴自己的孤单，或替自己的幸福快乐负责。

10. 当你需要自己的空间与时间，要去你想去的地方，做你想做的事时，你也可以很自在地跟对方说，你相信他也会支持你。

以下是高意识关系的念头：

· 我跟你在一起，是因为想要跟你分享我的喜悦。

· 我跟你在一起很开心，一个人也很开心。

·我支持你去做你想做的事、完成你想完成的目标。

·虽然我们已经结婚了,我还是尊重我们是自由的个体。

·我很感恩我们可以鼓励彼此活出自己的热情。

·通过跟你在一起,我更了解自己需要疗愈与接受的部分,我变得更包容自己与周围的人。

·通过跟你在一起,我变得更完整、更有力量、更能够替自己的生命负责。

·我们之间的爱让我更爱每一个人,爱不只停留在我跟你身上,而是延伸到所有的人,不管是男的、女的、年轻或年老的,无论国籍、种族、环境与背景。

·我跟你会发生这个问题,一定有我需要负责的部分,给我一些自我检讨和反省的时间。

·让我们沟通一下,坦诚地谈谈这件事。

·对不起,我的缺点造成了这个问题,我会改进。

·不管将来我们是否在一起、会在一起多久,我会永远爱你、感恩你。

接受低意识的自己才能够成长

如果你发现自己进入关系的动机来自低意识:以"我"为中心,一定要有一份关系或婚姻,才会有安全感,或者进入关系是希望对方能够为自己提供物质的保障、性爱的满足或心灵的陪伴,请不要批判自己,也不必感到羞耻,因为每个人都有一个低意识的自己,它是我们集体意识的一部分。

在古代社会中,婚姻是人类生存的必要手段,居住在山洞里的女人需要男人外出捕获食物,男人需要女人留在山洞里照顾幼儿,没有彼此,他们是无法生存下去的。之后,农业社会的男人需要女人生小孩,生了小孩才有足够的人手下田耕作,女人则需要男人赚钱来供养一家人,人们结婚依然是为了生活与生存。20世纪60年代的一份研究显示,当女人遇到"如果遇到一个符合条件的男人,但你却不爱这个男人,你会嫁吗?"这样的问题,有70%的女性回答愿意,不过现在我们很少听到女人会愿意嫁给一个条件好但自己并不爱的男人。

20世纪60年代的意识其实离我们并不遥远,山顶洞人是我们的祖先,他们的意识自然也会传承下来成为我们的一部分,为了生存与安全感而想结婚,是人类自然的天性。

婚姻是每个文明社会都存在的制度,是放诸四海而皆准的文化。找到人生的伴侣是一种原始需求,我们不必因为自己想结婚而感到羞耻,也不用为了没有结婚而羞愧。每个人都有不同的路要走,不必觉得自己没有像别人一样在特定时间结婚,就怀疑自己是否有什么地方不正常。

现在的科技十分发达,女人跟男人一样有相当的权利与赚钱的能力,我们已经不需要再停留在为了生存而进入关系的低意识模式。如果你进入婚姻的动力大部分还是来自低意识,婚姻迟早都会让你失望。虽然人免不了会渴望对方给自己某种安全感,我们就是要拥抱这种低意识的自我,但我们还要跟着人类的意识进化,提升自己进入婚姻的动机。

如果想拥有健康美满的婚姻,就不能允许低意识的自我主宰自己进入婚姻的动机,因为没有人能够永远满足小我的需求,没有任何一个伴侣或一段关系能够长期解决我们内在的不安与空洞。你也不会因为结婚后获得父母与社会的肯定,而感到更有价值与被爱,你可能反而会感觉自己更没有价值,因为你仍在低意识中,没有做自己。

低意识要进化到中意识,再进化到高意识。中意识包含了低意识,高意识包含了中意识与低意识。每个意识阶段都拥有下层意识阶段的特质,所以我们不否认低层意识的自我,反而要拥抱它,才能向更高的层次成长。

如果进入婚姻的动机是来自第二层次——中意识:以"我们"为中心,迟早还是会感到失望。因为家庭、事业或任何共同进行的计划都会改变,只要你的重心与喜怒哀乐是来自外在的人事物,你就会痛苦。因为外在一直都在改变,任何共同创造出来的人事物,也会跟着时间起起伏伏地改变。如果你的心依靠着无常的周遭环境,你永远都会觉得慌张、担忧、没有安全感。

第二层次的人需要朝向第三层次成长。为了婚姻的健康幸福,你要开始看见来自低意识的小我的需求,进而放下这些对另一半的要求。你要放下对整个家庭或小孩的期待，因为他们不可能永远符合你的理想。开始培养高意识的你，进入第三个层次——高意识：以"自我成长／心灵成长"为中心的关系。以高意识的动机进入关系，你必须要有一个很深、很稳固和爱自己的基础，才不会把爱自己的责任放在伴侣或家人身上。放下对他们的要求，你才能够接受他们本来的样子，这才是真正的爱。

高意识的你，不会把执着当作爱，不会因为自己的不安全感而限制伴侣的行为、批判他的想法，更不会认为自己的痛苦是来自伴侣、家人或环境。高意识的你不同于第二层次的你，不在乎对方给你的是否跟你给他的一样多，或谁牺牲得比较多；你不会想到平等与公平，因为真爱根本没有这些考量，你只会看到更多能够展现你的爱的机会。高意识的你，只想跟别人一起庆祝你原本就有的爱，因为你的心能自由宽广地接受所有的人，也会很自然地支持伴侣去做对他／她最有益的事。高意识的你，会把在婚姻里能碰到的任何冲突看成自我成长的机会，每个问题都让你更了解自己，刺激你更接受与爱自己。以高意识进入关系，你会替自己的所有感觉负责，当负面的情绪浮现，你会愿意探索它，知道这是来自于你那个内在的空洞或匮乏爱的自己，而不会责怪伴侣或家人。高意识的你会感恩，可是不会执着于婚姻／关系本身，只会在乎双方是否随顺着内在的热情与智慧做自己。

所有外在的人事物都是无常的，你的伴侣会变、孩子会变、你们一起创造的都会变。所以，如果你在婚姻里给的承诺只是针对你的伴侣或孩子，你早晚都会失望，唯一不变的是你成长的机会。心灵成长是一辈子的道路，如果两人进入婚姻的承诺与动机都是来自支持彼此自我成长，鼓励彼此活出最高的可能性，这样的关系就会健康、快乐、长久。

男人与女人在彼此眼中的价值

男性会被多彩多姿的女性能量所吸引。当一个女人敞开时,会迎接所有的生命力透过她而流动,这股生命力通过她展现不同层面的自己,女人会出现许多不同的特质,这点非常吸引男人。因为丰富的生命力就像是不同口味的糖果,男人就是被它吸引来参与生命、关系与生活的。

女人需要将整个光谱的能量都展现出来,从纯洁的光到狂野的动物性,把纯洁的天使、慈悲的母亲、狂野的妓女到动物性的能量都活出来。如果一个女人不愿意展现自己的某种能量时,她的男伴就会去其他地方寻找这个能量。

大部分已婚的华人女性,容易抗拒展现她内在那种妓女的能量。若将女人的生命力比喻为彩虹中的红、橙、黄、绿、蓝、靛、紫,性能量就宛如红色,女人如果不让自己展现红色这股热情、欢笑、欢乐、狂野,像妓女的能量,她的男伴就特别容易被拥有这种红色能量的女人所吸引。有些男人会通过毒品、音乐、大自然或性爱来弥补他得不到的红色女性能量。女人需要非常敞开,接受自己,才能够自然地展现那些多彩多姿的女性能量。

男人最容易被三种女性能量所吸引。第一种是母亲的能量,母亲所给予的滋养与照顾;第二种是玩伴的能量,玩伴可以跟男人一起出去打球、看电影、聊天,跟男人玩在一起,可以听他说话,了解他且不会批判他;第三种是妓女的能量,可以很狂野地跟男人做爱,很多女人会拒绝让自己这个妓女角色表现出来,但只要你在一个充满爱、有安全感、有信任感的关系中,把这个妓女的能量释放出来,会让你跟男伴之间的性生活变得更好。这样,男伴才不会去别的地方寻找这个像妓女的能量,有美好的性生活,将会滋养你们的关系。这并不代表你要变成荡妇,或在任何人面前都要展现这个能量,而是请你为了更良好且长久的关系,成为你先生或男朋友的"荡妇"。

女性会被有深度、专注、有方向感的男性能量吸引。当一个男人知道自己的生活目标,活出生命的热情,清楚自己活在世界上的意义是什么,就可以带女人去一个她们自己无法体验到的状态之中,让女人经历无法独自获得的体验。男人需要种类繁多、多彩多姿、不同口味的能量;女人需要的则是专一、有深度的阳刚的能量。

女人向往的男性能量

珍妮的工作是通过举办身心灵课程来帮助他人。有一次,她遇到一位男性同行,他不只在台湾举办课程,更进一步把课程国际化,以帮助全球更多的人。通过组织的壮大与收入的增加,他成立基金会、举办公益活动帮助更多弱势群体中的人。对于珍妮来说,遇到这样的男人启发了她,让她也想跟他一样。

如果男人没有提供深度与方向感,女人会容易爱上心理咨询师、心灵导师、宗教导师、舞蹈老师或网球老师等任何可以教给她新事物的男人。她或许会寻找替代品,可能是她的工作、她的灵性修行、宗教,或让她容易变得依赖的事来告诉她什么时候该做什么，为了接二连三的待办事宜与行程而活，她用这些来弥补她需要的那股有深度与方向感的男性能量（当然，如果你的工作是你的热情所在，对你来说工作是使命，让你活出你最深的爱，那么工作就不是替代品，因为你正通过工作实现自己内在的男性能量）。男人要有宽广的视野、有深度的目标与方向，才能感动女人。

男女在性爱上可以赋予彼此的价值

当两人在充满信任与安全感的爱情关系里，建议这时的女人在床上要允许自己当一个高意识、充满爱的荡妇，让自己完全臣服，把自己交给对方，全然地敞开，让自己狂野地享受做爱的欢娱。这样外表看起来好像是个十足的妓女，但其实她愉悦的声音、身体的动作都是爱的展示，让她的男伴体验到令人难以置信的生命力、被女人展现出来的爱深刻地感动。男性则要利用自己的穿透力、方向感与深度，成为一个高意识、充满爱的勇士，用他的爱来"蹂躏"女人、突破她的抗拒。表面看来，好像男人在强暴女人，但其实他是在用爱来穿透女人的心，把女人带到自己从来都没到过的地方，体验从来都没有过的体验，忘记了自己是谁，也忘却了头脑，把女人带入无限与合一。

男女双方都能够通过性爱修行——女人学习敞开心、身体，让爱通过她成为多姿多彩的表情、行为、声音与动作。男人学习扩大意识，把注意力从充满激烈性快感的性器官带到整个身体，并且把觉知扩大到女伴的身体和感觉。这些练习不会让女人封闭起来，变得像僵在床上没感觉的死鱼，这些练习也不会让男人过早射精，让他的高意识被他的性快感打败，而成为无法满足女人的烂情人。双方通过从低层次到高层次的女性与男性能量，给彼此最深的爱。

女人，你愿意当一个充满爱的"荡妇"吗？男人，你敢当一个高意识的蹂躏者吗？

带着原始的阳刚能量，成为高意识的男人

男人从第一层次成长到第二层次，从一个会控制、占领，并充满动物性的男人成长到第二层次，知道要开始温柔、有礼貌、尊重别人。有些第二层次的男人常会上心灵课程、拥有宗教信仰、学习打坐，变得越来越不食人间烟火。

多数灵修系统教导人们不要太参与生命里面的酸甜苦辣，告诉人不要有性欲、不要生气，最好吃素等。这些在第二层次中"修行"的男人会花很多时间打坐，用逻辑来抑制自己的情绪，使他越来越抽离，越来越不执着，如此才不会造成痛苦。这样的男人如果生活在尘世间，他会越来越像空气，因为他所选择的道路是出世去山上当和尚的修行道路，如果他还活在尘世间，要扮演丈夫、父亲等角色，这种抽离的修行方式并不适合他，只会让他跟老婆的关系越来越遥远，跟社会的关系越来越疏离，无法将修行落实在生活中，变得越来越活不出他的男性价值。第三层次意识的男人，需要拥抱第一层次那种男性的杀气与阳刚能量，带着这股能量，用高意识来爱你的女人、经营事业、跟别人互动。这时，阳刚的男性能量不再像第一层次的控制与占有，而是用来启发别人，给他人方向，鼓励他人提升自己。

"修行"的男人

一对夫妻来到工作坊,太太抱怨过去两年先生一直在学习打坐和"修行",这让他变得没有性欲,性生活完全消失让太太非常沮丧,觉得自己无法感受到先生的爱。有改善的是先生现在的脾气变得比较好,不容易生气。虽然先生的脾气变好了,愤怒消掉了,但他的性能量也消失了。

我教导这位先生在性方面展现打坐时所培养的觉察力与高意识,把修行的功夫落实在日常生活中。过去他是以抽离的方式,不参与太太的情绪与性欲,当她脾气一来就逃掉、不理她,或等她平静下来之后才回家。我建议他,当太太脾气来的时候,利用这个机会练习在打坐时学习到的高意识与觉照,看到这个情绪只是一时的、无常的,不需要抽离与逃避。他可以像棵大树一样稳稳地保持在那里,敞开心去听太太表达。

同样的,如果要让修行落实在生活中,要在性爱里给出他的男性能量,就需要跟太太拥有热烈的性生活,做爱时不被自己的性快感打败。不要让性快感停留在性器官上,而是在做爱的过程中一边享受性欢愉,一边扩大意识,将性欢愉扩大到整个身体都可以感受到刺激,同时意识到太太的整个身体、心里的感觉、周围的空间与整个世界的存在。因为性快感太强烈了,一刹那就可以把他的高意识拉下来,使他想要射精,很快就泄掉,做爱的时间也变得很短。我建议先生可以利用这个极富挑战的性快感来训练他坚定、宽广的意识,将他打坐静心的功夫用在床上,学习见证她的性快感而不被性快感带走。

当太太在一个很狂野、很享受性欢愉的状态中,看着她性感的胸部、臀部、嘴唇,在这个激烈的片刻观照所有的一切,才能够控制他的性能量,而不是被性能量控制,如此就可以将修行落实在婚姻中,完全地参与生活,也同时在修行。我建议先生,如果他想要抽离,那么他可以考虑去当和尚,既然还想生活在尘世中,就要跟太太培养良好的亲密关系,成为他太太最棒的爱人,在日常生活中给出他高意识的男性能量。

爱上他，不只是爱上他给你的价值

如果你的男伴无法给你深度与方向，你就会希望遇到能够给你这些东西的人，但不要让男人的深度与方向感成为你跟他进入关系的理由。当你遇到一个可以教导你事情的男人，你多少会被他所吸引，但这并不表示你们适合谈恋爱、发生性关系或是成为夫妻。不要看到对方能够提供给你的价值就跟他进入关系，而是需要花时间去认识对方，确定对方适合自己。有些女人从男老师那里得到方向就觉得自己爱上了他，连这位老师有没有老婆都不在意，甚至会跟他发生性关系。

当对方提供的方向与深度很吸引你，这也代表着你需要开始培养自己内在跟他相同的特质。当你把这些特质活出来，就不会这么强烈地被他吸引了。你会很欣赏他、尊重他、佩服他，但不会依赖他，也不会觉得只有他才拥有这些特质。你可以通过看到他的优点去意识到自己内在也有相同的优点，把这些优点培养出来，活出自己内在的男性价值，如此你才会是男性与女性能量都非常完整的人。

男人要能为女人提供深度与方向，女人才会被吸引；而女人要为男人提供多彩多姿的生命力，男人才会被吸引。男女之间要有阴阳两极的不同，才会产生吸引力，而对彼此有性吸引力，才能够维持一个长久健康的婚姻。但在个人成长过程中，每个人都要成为一个完整的人，都需要培养自己的男性能量与女性能量，而不是依靠另外一个人给你你本来就缺少的能量。

男人也是一样，女人可以给你你要的感觉、体验，但这并不代表她适合当你的伴侣，所以不要因此而太早跟她进入关系，你也需要更深入认识、了解她的各方面适不适合跟你在一起，同时别忘了也给自己一些类似对方给你的鼓励。例如，当你被一个看到你的优点、让你觉得有自信的女人所吸引，你需要学习给自己同样的友情、看到自己的价值，肯定与赞美自己；或是你被一个非常有母爱、跟她在一起就会感觉自己被滋养到了的女性所吸引，你需要学习给自己同样的母爱，接受、聆听、滋养、照顾自己；或是你被一个性感的女人吸引，你就可以学习把性能量导引到你爱做的运动之中，并确定你在生命里有方向，且活出了你的热情。

在关系中培养自己的男性与女性价值

很少有人会觉得自己是完整的,所以多多少少都还是会被对方的男性／女性特质与价值吸引,欣赏、羡慕对方的特质,想要从对方身上得到那个价值,而进入关系。当你批判别人的缺点与弱点时,这是一种投射,表示你还没有接受自己所具有的相同的缺点与弱点。同样,当你很欣赏、崇拜或羡慕一个人的优点时,那也是一种投射,表示你还没看到自己的优点与价值。你可以观察自己欣赏对方什么,检视自己是否也有同样的特质。如果你看到自己也有同样的价值,就把它活出来。学习让自己活出你在对方身上看到的女性与男性的价值,让自己变成一个更完整的人。

被你吸引来的伴侣会是你的镜子,让你看到自己还没有迎接回来的优点,以及你目前还无法接纳的自己的缺点。如果你愿意肯定自己的优点,就不会迷上他人;如果你能看见自己的缺点,就不会嫌弃他人。两人如果愿意通过关系,相互支持彼此,转化内在的负面特质,活出每个人都有的男性与女性价值,两性关系就会成为你最棒的成长道路。

第四章

照顾自己的内在小孩

他很照顾你，
但你对他不来电

在许多层面上，亨利都是我最理想的伴侣，他对我非常体贴，很有智慧，而且敏感又温柔，不像一般的男人，他很懂得沟通，也会讲出自己内心的感受。他很喜欢我，希望能当我的男朋友，可我们之间有个问题，那就是我对他没有一点"性"趣，我的身体没有想要接触他的感觉，而且我不喜欢他身上的味道。其实他长得不错，个子高大，很多女人都被他吸引，可我就是对他没有性欲。刚开始我说服自己试试看，经过一个星期的相处，我很开心，感觉自己像是找到了一位可以畅所欲言的好朋友。我知道他一直想要跟我更进一步，有一次他帮我做脚底按摩，之后我们就真的发生了一次关系。不出我的意料，我们在床上并不是很契合，我还是对他不来电，但我们在心理与情绪上非常容易构建连结。

发生关系后,我还是中了爱情的邪,跟亨利做了许多将来的计划,盘算着什么时候可以在哪个国家见面。有一次他出差,我送他去机场之后,回家睡个午觉,睡醒以后,我整个人突然醒过来了,发现那又是我内心很渴望被爱的小女孩在跟这男人谈恋爱,而不是那个成熟的我。回想我们在一起的那个星期,我停掉我的静心、瑜伽,没有打扫房子、洗衣服,除了工作以外的时间都跟他在一起。当我看到自己是这样的时候,很清楚那是内心匮乏爱的小女孩在跟他互动,再加上如果继续跟他在一起,就会开始一场远距离的恋爱,而我早就决定不要远距离的关系。

最重要的是,我感受不到他的性吸引力,两个人在一起如果没有来电的感觉与性吸引力,这个关系早晚都会出问题。当我看清这一点以后,便打电话给亨利跟他道歉,并告诉他我的真实感觉。

鼓起勇气悔婚

乔伊20岁时跟约翰订婚,还去拍了婚纱照,不过她心里很清楚自己对这个男人不来电,一点都不想跟他做爱,她喜欢的其实是另一个男生。但约翰对她非常好,所以她还是准备跟他订婚。乔伊觉得很有罪恶感,非常对不起约翰,直到拍婚纱与订喜宴都进行到一半了,她才鼓起勇气跟他说:"我不能嫁给你,因为我对你没感觉。"她以为这么做之后,就不会再有罪恶感,自己就会觉得自由。但几年后,她一想到这件事却还是有罪恶感的,因为乔伊从来没有跟对方解释自己为什么不想跟他结婚。乔伊的功课是打电话跟他剖白自己的想法并道歉,当她这么做了以后,才真正把这件事放下,整个人也放松了。过了不久,她就遇到一个她十分欣赏的男人。

平常就要很爱很爱自己,让生命里有很多爱你的人围绕着你,你才不会很容易地把一个对你很好的男人当作可能的结婚对象。不要说服自己跟一个你对他不来电的男人在一起,无论他多爱你。如果他对你而言,一点性吸引力都没有,不管他对你有多好,都只适合当好朋友。请不断地观察你内在那个渴望被爱的小女孩,一直给她爱,才不会把照顾她的责任交给不适合的男人。

陪伴你的寂寞

你如果愿意跟你的寂寞做朋友,它就会让你更接近你自己。

我住在马利欧家中的那个月,时常感受到久违的孤单。他早上七八点就出门,晚上八九点才回家,所以从星期一到星期五,我每天都有 12 个小时是一个人独处,平常在亚洲忙碌工作的我突然感受到一种慌张与寂寞,感觉整个胸口都沉了下去,甚至全身酸痛。我觉得自己好可怜,为什么会把自己放在这个偏僻、语言不通、没有亲戚朋友、孤绝无援的地方。当我一闭起眼睛,开始跟寂寞相处,很快就能发现这是一种很熟悉的感觉,好像一个好久不见的朋友。有趣的是,当我单身、没男朋友时,反而不会有寂寞的感觉。而现在,在浪漫的意大利我有一个爱人,住在山上可远眺地中海的别墅里,这些竟然让我感到无法言喻的孤单。

人生就像是一杯底部有沙子的水,干净的水代表我们的意识,杯子底部的沙子代表我们的潜意识或无意识。单身的时候没有什么波动与刺激,所以杯子里的水一直很清澈,下面的沙子也都不会动,水跟沙很清楚地分成两层。当我们进入亲密关系,就如同把一根汤匙放进这个杯子里搅拌,使底下的沙子浮上来跟水混在一起,整杯水就变得混浊不清。亲密关系会刺激我们潜意识与无意识的内容浮现,让你看到你压抑、逃避、没处理或没释放的感觉,例如,没安全感、匮乏爱,以及寂寞、孤单。

我已经很多年没交男朋友了,所以我对孤单很熟悉,很早就开始跟它培养关系,大部分时候我还蛮享受跟它相处的。可是跟马利欧在一起时,我总会无意识地对他有一种期待,好像既然有他的存在,就变得很容易想从他身上得到温暖的陪伴,有了爱人之后反而会突显我的孤单寂寞。或者可以说,单身本来是一种纯粹的孤单,可一旦进入关系之后,我又把自我重心放在了别人身上,开始往外求爱,孤单很快就会变成寂寞。

我教过很多人如何去面对心灵上的痛，陪伴寂寞，每个人早晚都还是要回来认识这个寂寞，因为当你愿意跟它在一起、感觉它，给孤单注意力时，就是爱你自己的过程。当你愿意陪伴你的寂寞，那种你跟别人是分离的幻觉就会开始融化，使你意识到你是跟大家在一起的，你是跟老天爷在一起的，你一直是被爱的。当寂寞成为你意识层面上的好朋友，你愿意跟它相处，它就不会再无意识地把你带离自己，渴望从外面的人事物上得到爱了。

每当我升起期待马利欧赶快回家陪我的念头时，我就会深呼吸，通过吸气把专注力转回我身体内在的感觉，通过吐气拥抱我的感觉。当我的注意力被放在寂寞带给我的身体与情绪的感觉上，例如，我胸口很痛、我的心好渴望被爱，我就不会把重心放在他身上。当我忙着关照与陪伴我的寂寞，我的专注力就没办法被投到他身上。我把我的寂寞看作内在的小女孩，每当我感觉到她，我就会带着她欣赏窗户外面那高悬在宽阔地中海上的夕阳，还会带她看着天空的颜色慢慢地变幻，寂寞得到了我与大自然的陪伴，就会觉得很温暖，就会转变成一种宁静、安稳的美。

心灵的痛、心理的痛、身体的痛

帮一位印度合一大学的老师做翻译时,我学到人类的痛苦可以分成三个层次,第一个层次是心灵上的痛;第二个层次是心理上的痛;第三个层次是身体上的痛。心灵上的痛是指:人类的孤单寂寞、不懂自己为什么要来到这个世界、不知道生命的意义、没有方向感。心理上的痛是指:人跟人在关系中所造成的摩擦与冲突,因为对彼此的执着与期待所造成的痛苦。身体上的痛是指:当心灵与心理上的痛太痛了,为了逃避那种痛,所以会伤害自己的身体,例如,割手腕、自杀,因为人们宁愿感觉身体上的痛,也不要经历心灵与心理上的痛苦。

我们最无法忍受的是心灵上的痛,一旦感觉到寂寞、孤单,就想赶快找出口。我们会用吃东西、上网、看电视、购物、不断地找人陪伴、追求性爱,甚至结婚生子来逃避人类的孤单。为了不要感觉寂寞,我们会想要进入爱情关系,结婚变成逃避心灵痛苦的方式。进入关系以后,两个人就会一起创造心理上的痛,可是人们宁愿应付第二层次心理上的痛苦,也不要面对第一层次的心灵寂寞。

其实你早晚都要面对自己的寂寞,因为灵魂想要让你成为一个完整的人,想要你了解你就是爱,我们都是爱,从来没有分离。你的寂寞是个幻觉,需要你去感觉,这个幻觉才会消失。如果为了逃避第一层次上的心灵痛苦而进入婚姻,你的关系早晚会强迫你去面对自己的寂寞,如此你才能在内在体验到爱。

把无意识追求合一的欲望带到意识层面

当我喜欢上一个男人,就开始变得像个十六岁的少女,无时无刻地想念他,失去自己的重心。很多女人也跟我一样,当遇到一个可能会变成自己伴侣的男人时,就开始变得神经质、依赖、充满不安全感。平常没谈恋爱时,我们都有自信,也能自主,且有好的工作、能够替自己负责。但当我们一旦感觉到爱情的可能性,就会表现得像一辈子都没有被人爱过、非常匮乏爱,好像已经饥饿了很久一样。

每当我们谈恋爱时,会渴望那种两人合一所带来的幸福美满。当你渴望性,其实是想要连结、想要爱、想要回到婴儿跟母亲合一的原始狂喜。母亲生小孩时会分泌催产素,情侣们做爱时也会产生催产素，让两人之间产生很强的连结，如果没有安住在自己的中心，对彼此的渴望很容易就会变成执着。这种渴望存在于每个人的潜意识里，跟另一个人有身体上的来电时，这个渴望就会被触动，因为做爱会使两个人的身体合而为一，让我们不再感到孤单，可以放下我们的防卫，允许自己享受臣服的喜悦。这份潜意识的渴望，会让我们以为自己只能通过性爱与关系才能回到那个不懂得什么是分离、界限、自我的境界。催产素很容易使我们对另一个人形成依赖，觉得那个人就像毒品一样，除非把无意识追求合一的欲望带到意识层面，否则我们会误以为自己需要跟对方在一起才能感受到合一的狂喜。

让你的内在小孩长大

你之所以会吸引无法爱你的男人,是因为你需要通过他们才能看到你没有好好爱自己,他们的存在促使你要先学习爱自己的内在小孩。

以前,每当我遇到让我有感觉的男人,我就会问自己:"我可以想象自己跟他做爱吗?"如果答案是可以,我会继续想象下去。虽然理智知道我还没有深入认识他,可是我会开始幻想我们未来的日子:我会不会跟他住在一起?我们会不会生小孩?生出来的小孩会长什么样?我会开始抽塔罗牌,开始合我们的星盘,到处寻找各种蛛丝马迹,想证明他就是我的真命天子。

如果感觉到他也喜欢我,我会变得更夸张。不论他讲什么,我都会用一种他是否想跟我在一起的观点来衡量他所说的话，他的每一个行为都被我解读成他爱我或不爱我。例如他这个周末要跟朋友去看球赛，我就会怀疑他是不是不喜欢跟我在一起，或是他今天送给他的女性好友一条水晶项链，我就会好奇他会不会送给我更粗的水晶项链。

我发现这种会让我着迷、使我变得不自在、充满不安全感的男人都是潜在的灾难。这些男人出于各种原因都没办法真正地爱我，最后只会让我经历爱情禁断症的痛苦。我曾经吸引过的男人包括：太年轻还不想稳定下来的、太老简直可以当我阿公的、已有其他秘密爱人的、会酗酒的、不愿意打开心门沟通的、想要继续流浪并交很多女朋友的、目标与价值观跟我差距太大的、住在地球另一端所以无法真正在一起的。很多女人跟我一样会吸引这些不适合当长期伴侣的男人，却总忍不住对这些无法真正爱我们的男人感兴趣。

我们可以把每个人潜意识里都有的渴望叫作"内在小孩"，几乎每个人的内在小孩都有在某个程度上还未被满足的需求。没有父母能够百分之百地给予小孩需要的爱，因为父母也是人，他们可以给的爱是有限的，不是父母不爱他们的孩子，而是他们自己也是被不懂得表达爱的父母带大的。

其实，每一对父母都已经尽力付出他们当下可以给出的爱，但每个小孩还是会觉得不够，仿佛缺少了什么，这种匮乏感会跟着每个人长大。即使你现在年纪已经不小，外表看来是个成熟的大人，你的内在还是可能住着一个很饥饿、在寻找爱的小孩。大家都必须学习给自己的内在小孩提供他们所需要的温暖、体贴、照顾和保护，我们要喂养自己内心对爱的饥渴。如果我们一直在应付生存而没有喂养内在小孩，一直往外寻找爱，不去疗愈内心缺少爱的伤口，当我们谈恋爱时，这个饥饿的内在的小孩就会出现。有时甚至还没开始谈恋爱，只要一感觉到自己身体的来电或性欲（无论是真的很喜欢对方或受引诱刺激而产生的性欲），我们就会开始退化成一个充满依赖、占有欲强、像个乞丐一样睁大眼睛等着对方喂养的小孩。

我们内在之所以会有一个饥饿的小孩，是因为在我们的成长过程中有某种需求没有被满足，例如，没有被鼓励去发挥自己的兴趣、没有受到妥善的保护、没有被教导基本的生活技巧、没有足够的温柔拥抱、自己的想法与空间没有被尊重、没有持续可靠的关照。没有人能够永远满足这些需求，最后还是需要你来给自己提供那些你小时候缺少的东西。

没给自己爱，就会吸引无法爱你的人

你会不断将对父爱的需求投射在男人身上，直到你给自己需要的父爱为止；只要你还没迎接你的男性能量，你就不是完整的，会一直吸引不完整的爱。

我一岁时，父亲就出国工作，离开了我跟母亲，我母亲说我是个不常哭的小孩，却在父亲离开时哭得很惨，她说他们尽力不要让我看到爸爸要出国的迹象，可是我幼小的心灵很清楚爸爸要离开了。当我二十出头，开始接受心理咨询时，我重新舔舐那一岁小女孩跟爸爸分离的伤口。我做了不只一次，而是很多次有关我跟父亲的疗愈，每次都哭得很惨，就像我妈妈描述的那样，而且当我在哭的时候，我听到的声音不是我现在的哭声，而是一个很幼小的女孩的哭声。我很清楚我内在的小女孩一直在寻找父爱，我也知道我会无意识地投射这个需求在我的伴侣身上。虽然我做了数不清的咨询疗愈，一直在学习喂养内在饥饿的小孩，但学习爱自己是一辈子的成长课程。

女人如果没有察觉到内在的小孩，不知道喂养她是自己的责任，就会一直吸引跟她父母一样无法给她圆满的爱的男人。她们会重复经历受伤、失望，甚至具伤害性的关系模式。每个人的内在小孩都像巨大的空洞一样难以填满，这不是一件糟糕的事，糟的是我们通常都是用向外求的方式来填满。当我们遇到想要填满我们内在空洞的人，除非已经给了自己足够的爱，不然无论对方多么爱我们，我们都会感觉不够。拥有了他的爱或美好的性爱，或许能够暂时填饱我们，可是我们很快又开始饥饿，乞求对方再给更多。或者我们会觉得自己不值得对方的爱，所以需要付出某种牺牲自己的代价去交换，我们会做出背叛自己的行为，当烂好人。

如果我们没有照顾自己的内在小孩，就会无意识地搞砸关系，最后无法留住对方。你的内在小孩会捣蛋，因为他要的是你给的爱，他需要先吸收你的爱，才能让成年的你给予和接受爱。

内在小孩没被满足的需求,就是伤口

当你发现在参与关系的人,不是成年的你,而是你的内在小孩时,要知道你正在重温自己小时候的伤口。就像一个五岁小孩进厨房煮晚餐,他可能会烫伤自己,并且把厨房搞得大乱。内在小孩会搞砸关系,使你受伤。

"伤口"这个字眼听起来好像很严重,很多人都觉得自己小时候没有受过什么伤,他们会用头脑来思考,使一切逻辑化,并觉得自己的童年不算快乐,十分平凡。根据我的心理咨询经验,我发现有一些小时候让你很伤心,或让你无法面对的事会被你压到潜意识里,除非你提高觉知,刻意去挖掘,或经由一个很亲近的人刺到你的伤口,不然你很难记得起来。而且,没有人告诉你小孩没被满足的基本需求会是个伤口,你会觉得别人也都是这样长大的,他们的父母亲也都是这样对待小孩，整个社会的文化就是如此，所以你从来不会把自己没有被满足的需求解读成伤口。

内在小孩的基本需求

从心理学的角度来看，小孩有很多基本需求，以下是我在咨询和工作坊中常常见到的未满足的需求，只要这些需求没被满足，就可以被视为伤口。

1. 身体的安全与保护：从小没有被父母打过，没有被父母的吵架惊吓过。如果其他的小孩，如邻居、学校的同学或自己的兄弟姊妹欺负你，你父母会采取行动保护你。如果你被性侵害，会告诉妈妈且得到她的安慰，妈妈会保护你，让你不再受伤害，去面对那个伤害你的人，不管对方是家人还是外人。

2. 无条件的爱：不论发生什么事，你父母都会爱你。你不需要按照他们的方式生活，不管你犯了多少错误，他们还是爱你。

3. 温暖的拥抱：父母随时都愿意拥抱你、亲吻你，且不需要任何理由,你接收到足够且有爱意的身体接触。当你受到伤害或失望时,他们会安慰你、拥抱你,然后告诉你他们多么欣赏你,你让他们有多高兴。

4. 一致且可靠的关照:父母从小注意你的情绪,愿意倾听你的感受,理解你的观点,不需要任何理由就花时间跟你相处。他们经济稳定,买得起你所需要的东西,你可以依靠他们。他们答应你的事情,从不会反悔。

5. 鼓励你追求你的兴趣:父母承认你的才华,支持你继续开发它。不管你多么与众不同,都鼓励你勇于做自己。不强迫你按照他们的思想和愿望过生活。

6. 称赞:父母告诉你你很聪明、漂亮、能干。他们相信你的能力,告诉你他们以你为荣。

7. 尊重你的界限:父母给你足够的个人时间和空间,不侵入你的房间或窥探你的隐私。他们尊重你,就算你对他们说"不",他们仍然爱你。他们允许你当小朋友,让你尽情玩耍而不会给你大人的责任,例如要求你照顾其他兄弟姊妹。

8. 基本生活技能:父母教你如何照顾你的健康,如何适当地花钱和存钱,以及保持生活空间的整洁。

看到以上这些需求，你可能觉得你的童年有许多未满足的需求，也就是有许多伤口。但是不要以为自己没救了，因为这些伤口也为你提供了很多爱自己的机会。只要当你察觉这些伤口时，愿意给予自己内心所缺乏的，就可以治愈它。

【练习】
疗愈内在小孩

要疗愈自己的内在小孩,请做以下写作练习,拿一本笔记与一支笔,到一个安静、可以独处且不受打扰的空间,慢慢回答以下的问题。

Part 1

1. 你童年有哪些未被满足的需求?

2. 小时候未满足的需求如何出现在你现在的关系或生活里?

3. 你对伴侣的期待,有多少来自小时候对父母的期待?

4. 你发现伴侣没有给你的,跟小时候父母没有给你的一样吗?

5. 满足你内在充满匮乏感的小孩是谁的责任?

Part 2

在写的过程中允许自己的情绪浮现，观察你的感觉，允许情绪流动，除了描述小时候的事件，也写下你的感受。

1. 你小时候有什么受伤、害怕、失望、愤怒、悲伤的经验没有告诉父母？

2. 这些小时候的负面经验如何影响你现在的生活或亲密关系？你小时候对这些负面经验的反应，是否在你的关系里重复出现？

3. 写完后可以把信寄给父母，或找机会面对面告诉他们。因为你迟早都要面对他们，让他们了解你的内在，才能跟他们建立更亲密的关系。你如果能够用心跟他们沟通，暴露你的脆弱，让他们看到你的情绪、你的眼泪，你的内在小孩很快就会被疗愈。只要你跟他们沟通时没有任何责怪、批判与责备，只是讲出什么事件让你有什么情绪，你的父母一定会表达他们的爱。

4. 第一次沟通如果不顺利，请不要放弃，有时候要经过无数次沟通，父母才会了解你，那个结才会松开。

Part 3

1. 你愿意当自己的爱人吗?

2. 对于父母没办法给你的母爱与父爱,你如何给自己?

3. 你会采取哪些具体行动来创造跟以前不一样的爱情故事?

第五章

走上真正爱自己的旅程

先给自己足够的父爱和母爱

单身时,我有许多时间练习当自己最好的情人,我给自己希望爱人会给我的一切。当我生气、悲伤或寂寞时,我会慈悲地陪伴那些情绪,如同希望爱人照顾我一样。当我工作累了,我会带自己去海滩度假,如同希望爱人带我去一样。我曾经观察过,如果自己有想交男朋友的念头出现,表示我在某方面没有爱自己,当我想要交男朋友时,通常是没有给自己足够的母爱或父爱。而当我越久没有交男朋友,我就越懂得爱自己。

给自己母爱,就是接受自己当下的样子,完全不需要做任何改变。我不需要做更多,更努力、更有效率地工作,现在这样就已经够好了。我看到目前我已经完成的所有,带着满足与喜乐庆祝与肯定自己。给自己母爱,也代表我给自己足够的滋养与欢愉。我会花时间让自己休息、放松、运动、做瑜伽与静心。我会去跳舞、爬山、跟朋友享受欢笑。当有以下情况时，我知道是我没有给自己足够的母爱——超时工作、期待自己做太多、压力太大、不再跟朋友出去玩或睡眠不足。这些状况发生时，我比较容易想有个男朋友。但如同我之前解释过的，这会导致我因希望有个男人能改善我的生活而进入关系。期待有个男人能给我更好的生活，并不是进入关系的健康动机。

给自己父爱，就是有纪律地训练自己去做需要做的事，以达成目标，例如要求自己坐下来写书。给自己父爱，也代表基于自己人生最大的热情创造愿景。我对人生有目的与方向，并带着奉献、专注与努力朝着它前进。我给自己需要的鼓励与信任，当有以下情况时，我知道我没有给自己足够的父爱——拖延需要做的事、容易分心、浪费时间。例如我不断拖延写书，不是因为我不知道要写什么，而是我没有妥善安排时间表，让自己有足够的时间写书，于是脖子与肩膀开始疼痛。当我开始写作，内在停滞的创造力就开始流动，身体也不再疼痛了。当我没有善用时间来活出热情或目的时，我也比较容易想有男朋友。这会导致我因希望有个男人帮我达到目标而进入关系。希望男人成为自己工作上的教练，也是一种不健康的动机。

如果我的生活不平衡，没有给自己足够的母爱与父爱，就比较容易想跟男人在一起。但只要我正在当自己最好的爱人，过一种带给自己喜乐与满足感的平衡生活，就不会在乎自己是否单身。当我充满喜悦地跟着生命流动，男人就会被我吸引。因为我很享受单身，就可以慢慢地认识男人，挑选最适合我的那一个。

当自己的灵性母亲与灵性父亲

你必须当自己的灵性母亲和灵性父亲,成为自己最棒的母亲和父亲。

理想的母亲就是:给自己无条件的爱,自始至终给自己照顾、保护与重视。理想的父亲就是:给自己鼓励、保护、赞美、支持自己跟随热情和梦想,允许自学或跟别人学习自己所缺少的生活技能,例如,学习如何投资理财、时间管理。学习保护自己的界限,不做任何自己不情愿做的事情,不断弥补自己的童年缺失。

当你感到值得被自己爱和关注时,请开始采取具体的行动,就像一个真的很爱自己的情人,他需要通过行动表达诚意一样。你要成为自己的爱人,也必须主动采取具体的行动,以此来表达你对自己的诚意。这样才能够推翻自己以前那种向外寻求爱的模式,开始走上爱自己的旅程。

先成为自己的爱人，
就不会对爱匮乏

成为自己的爱人

佩姬两年前离婚，离婚后她遇到几个男人，这些男人都跟她不断出轨的前夫一样，给她很大的不安全感。她来找我是因为她知道自己会持续吸引这种男人，自己本身一定有某些问题。佩姬愿意关注自己的内在，看看是什么造成她在爱情中一直"运气不好"。

佩姬的父亲经常出差不在家，她从来不觉得自己跟父亲亲近，但她知道是父亲在担负着整个家庭的经济重任。佩姬从不认为这是个问题，直到她意识到自己会吸引的男人都是经济稳定，但无法给爱的类型。这些男人遥远而疏离，容易劈腿，让佩姬感到不安与不被爱。当她看到这一点，意识到衡量自己的价值的方式与衡量男人的价值的方式是一样的。她一直都比较重视阳刚稳重、经济稳定的男性特质。佩姬往往花太多时间工作,却没有照顾自己的心灵。

我引导她找出童年未满足的需求,那就是父亲稳定的爱和支持。由于佩姬非常愿意进行改变,她决定辞职休息一年,让自己放松,为心理和精神提供它们一直都需要的爱和陪伴。对佩姬来说,这是个蛮大的冒险,因为她已经四十几岁了,一旦放弃这份工作,她未必能找到另一个高薪的工作,但她还是决定辞职

后来,佩姬真的成为自己的爱人,她让自己休息了三个月,脸上常洋溢着幸福的笑容,气色也变好了,因为她终于睡得饱、有时间运动,也可以做自己喜欢的创作,而且她发现不论到哪里,周围都有男人注意她,对她特别好。

先成为自己的爱人,你就不会对爱匮乏而不断往外求。自己是所有经验的源头,既然你能够创造痛苦的爱情故事,那你也能够创造精彩的爱情故事。一旦看到自己是所有经验的源头,你就会感觉很有力量,能够创造你想要的现实,你会变得更勇敢去行动,敢冒险去做一些过去你不敢做的事。就像佩姬,她会变得很有动力去爱自己。一旦跟自己的关系

变得友善并充满着爱，你就不会再吸引那些会伤害你的伴侣。当你开始真正满足自己的需要，也自然会吸引对你好、疼惜你、爱你的伴侣。

渴望伴侣给你什么，就给自己什么

如果你想当自己的理想爱人，以下是一些你能采取的具体行动。你可以先想想自己通常渴望伴侣给你什么，想到后就先把这些给自己。

1. 给自己一段值得拥有的休息时间，你如果身心俱疲，那就将这个休息的时间拉长到六个月至一年。
2. 找时间聆听你内在的感觉，把心情、情绪写在日记上，或跟朋友倾诉。
3. 学习理财和投资。
4. 勇于拒绝任何让你觉得有负担的事，因为你要保护自己，所以愿意说不。
5. 把自己带去你梦想的旅游点，花钱在自己身上，吃好的、住好的。

6. 舍得花钱去买那双你一直梦寐以求的鞋子,客气地请你的罪恶感去夏威夷度假。

7. 学开车,把自己带去有趣的地方玩。

8. 不让自己工作过量,提醒自己早睡、不熬夜。

9. 购买或烹煮健康的美食,不让自己随便吃便宜却没营养的快餐,带自己去环境优美、食物健康可口的餐厅。

10. 给自己玩耍、创作、培养嗜好、娱乐以足够的时间。

以上是任何人都渴望或期待自己的爱人会采取的行为,要喂养内在小孩,就是要开始用行动来爱自己。

例如,你渴望伴侣在经济上能够支持你,让你在工作上不用这么累,让你能有多余的时间创作或出国旅游,那你就要想办法改善自己的经济能力,能赚更多钱也有更多的时间。你要把自己带去旅行,像个理想爱人一样对待自己。要愿意冒险,也放得下那些让你不开心的事情,才能终结自己老是渴望被别人照顾的生活模式。做些从来没有做过的事,你才能有完全不同的体验。

如何创造富足

有些女人觉得自己无法创造富足,因而想嫁给有钱人以便获得经济上的支持。我会告诉她们:要开始运用每个女人内在都有的男性能量,来让自己有钱。以下是我引导女人创造富足的步骤:

首先,你要相信赚更多钱的同时也拥有更多时间是可能的。你不用知道这将如何以及在何时发生,只要抱着信心一直往前走就可以了。

要清楚自己的热情是什么,做什么最开心。不管这是不是一份社会或父母认同又能获利的工作。

去做让自己最有热情的事,只要一直活出热情,你的付出让自己很开心,也对其他人有正面的影响,就一定会得到回馈。

因为你对自己做的事充满热情,自然会想办法找到可以服务的对象,或让这些能帮你实现目标的人在你身边出现。

你的热情会推动一切,让你变得很有行动力、很积极,充满雄心壮志。只要你采取行动去做那些让自己有热情的事,你就会越来越开心、有自信。你散发出来的魅力会吸引更多的贵人与工作机会,生命自然就会变得越来越丰富。

当你的内心已经跟丰富产生了共鸣，接下来就像吸引力法则一样，你想要的自然就会发生。

至于你应该采取的行动以及你运用时间的方式，都必须与你的目标一致。心想事成并不是坐着想就会让事情发生，各个领域的成功人士都投入了大量的时间与精力在他们的热情和目标上。所以，如果你很随性，爱做什么就做什么，不进行时间管理，你的目标将很难实现。

你要对自己得到的任何机会、帮助和成就充满感恩，不把自己获得的利益当作理所当然的。充满感恩喜悦的心，你自然会吸引更多的丰盛。

你要敢于梦想，哪怕再夸张也无妨，不可以太过胆小。

你要勇敢放下那些会限制你的人事物，会困住你的恐惧、不安全感跟胆怯。至于能不能放下，就取决于你有多爱自己。为了安全感而活且不敢冒险的人，并不是一个很爱自己的人。

曾经住过八个国家且从小在美国长大的我，这些年在亚洲生活、做咨询工作，发现人们总是害怕做自己，不敢表达自己，一直把自己放在符合社会条件的安全框框里。希望你能够因为深爱自己，而愿意从安全框里跳脱出来，敢于冒险让自己跟其他人不一样，走出自己充满热情的道路。勇敢做自己、活出热情的人一定是富足的。在心灵与物质上都丰富的人，会比较稳定、有安全感，这样想要有伴侣时，也才会吸引真正能爱你的人。

爱你的内在小孩一辈子

真正爱自己的旅程，一大部分取决于你是否永远有耐心接受和爱自己的内在小孩。因为无论你的年纪多大，花了多少精神在自我成长上，内在小孩永远都会存在。人都会有孤单、寂寞、渴望被爱、没有安全感、害怕不被爱的感觉。这些黑暗、脆弱的内在小孩一直都需要你的观照与拥抱。你的内在小孩代表令你收缩的恐惧，它永远无法完全消失。你越是想要甩掉、推开或压抑内在小孩，它就会变得越坚强。唯一不让内在小孩无意识控制或毁坏亲密关系的方法，就是认识他、跟他成为一辈子的好朋友，并让你无意识的恐惧浮到意识层面，面对它、接受它。

下一次当你发现自己开始退化成内在小孩时，你可以看着他的行为，想象有两个你，一个是已经成熟的大人，拥有智慧、知识与资源的你，一个是很渴望被爱的小孩。内在小孩通常都住在潜意识里，所以你必须多花一些心力才能够觉察到他的存在。你需要把他带到意识层面，不讨厌他，不赶走他，给他空间，并接受他的存在，他才不会在潜意识里捣乱、控制、占领、牵着你走，让你做出类似于和不合适的对象交往这样的傻事。通常，我们都会很抗拒来自内在小孩的不安全感、羞耻、羞愧，当你越抗拒这部分的自己，他便会变得越强大。我们要学习面对与接受任何被我们所讨厌的自己的部分。当你意识到自己内在有个饥饿的小孩时，请记得你不只是这个小孩，你不等于他，他只是你内在的一部分。现在的你是一位充满资源、能爱自己又有力量的成人。

每当你需要记得你不是内在小孩时，你就可以通过深呼吸感觉到他只是你的一部分。用你的呼吸先把专注力拉回你的身体，意识到你成人身体的存在，知道这个成人能够保护、疼爱内在小孩。然后再深呼吸，感觉内在小孩的负面情绪住在哪里，再把专注力放在那个有情绪的部位，用吸气触碰他，吐气接受他，告诉他你意识到了他的存在，愿意陪伴他，给他需要的爱。

【练习】
如何跟寂寞做朋友？

一个女人说情人节那天她感觉非常寂寞孤单，周围的朋友都成双成对，只有她是小姑独处，她觉得自己好可怜，一想到这件事就无法抑制地落泪，在女人圈中一边说着，一边哭成泪人。下面，我就用她的情况带领大家做陪伴寂寞的练习，你也可以自行练习。

步骤

1. 腾出一段时间，一个人坐在不会被打扰的房间里。

2. 闭上眼睛，一手放在胸口，一手放在腹部，深呼吸，把专注力带回到体会身体的感觉上面。

3. 找出寂寞的感觉在身体的哪个部位，例如，感觉寂寞是胸口某种具体的疼痛。

4. 用吸气触碰那个不舒服的部位，吐气并想象有新的空间在周围拥抱着寂寞。重复做这一步骤，每次吸气就感觉那个寂寞，每次吐气就接受它。

5. 如果重复以上四个步骤一段时间却没有改善，请你吸进温柔的能量到寂寞的部位，再用吐气的方式发出身体中有不舒服的感觉的声音。把寂寞化成声音，通过吐气让声音出来，允许你的寂寞被听到。发出声音有时会带动寂寞底下的悲伤或其他负面的情绪，请允许这些情绪流动，想哭就让自己哭，感觉你的寂寞与负面情绪，无论多么痛。

6. 用心做第4或第5个步骤后，你就会慢慢感觉身体不舒服的地方开始松弛下来，温暖的能量开始进入体内，情绪会变得更加舒缓，最后你会感到敞开、放松与宁静。这时，寂寞的乌云就飘走了，你也会回到乌云背后的蓝天。

如果你是在公共场所或是人群中感觉到寂寞时，请做以下的练习：

1. 意识到寂寞的存在，记得它是你的一部分，不要往外寻找满足而逃避它，要感觉它，寂寞像是一个孤单的小孩，需要作为大人的你去陪伴，所以请用慈悲的态度来接受它。

2. 深呼吸，用吸气触碰你的身体，同时观照寂寞住在身体里的哪个部位，吸气并跟它打招呼，吐气并融化你对它的抗拒，放松你的身体去拥抱它。

3. 想象寂寞是你的内在小孩，你能够见证他，就表示你不是他，让成人的你，也就是见证者，带着内在寂寞的小孩去做你想做的事。

如果你不断地想念某个人，却无法见到他，并因而感到无比寂寞，请做以下的练习：

1. 每当你开始想念他，脑海里出现关于他的画面，请把这个画面放下，把专注力转移到你身体的感觉上。当你想他的时候，身体会有什么样的反应？会有什么样的情绪？例如，感觉到寂寞与巨大的渴望时，请观察你的寂寞与渴望是身体哪个部位不舒服的感觉？例如，觉得寂寞到全身酸痛，或渴望到胸口出现一个很酸痛的洞。

2. 不断地深呼吸，吸气并触碰身体不舒服的部位，吐气并慈悲地接受它。

3. 每当对方的影像出现在脑海中，你就送给他一个祝福，之后再把专注力拉回身体里具体的感受与内在的情绪上。只要你如此陪伴着它，就不会使你无意识地逃避你的空虚，因害怕寂寞而想找另一半。这个练习也能使你把专注力保持在你自己之内，而不会让自己被寂寞与渴望的感觉带走，或把你淹没。

第六章

如何选择对象？

对关系的理念不同，
并非理想伴侣

我与伊森是在道教的气功师资训练课程上认识的，他是班上最帅、最抢眼的男生，所以我很容易就被他吸引了。那时候，我没有考虑太多，就被我们之间的吸引力牵走了。交往三个月后，我希望跟他有进一步的计划，考虑搬去某个地方稳定下来一起生活，可他想要环游世界，计划去中国大陆学习武术，继续去不同的国家探索人生。

这时的我挣扎不已，一方面我想要支持他去做他想做的事情，另一方面我想要的是一个可以共同计划未来的伴侣，后来因为一个国外的工作机会，我必须离开他三个星期。他说会用网路跟我保持密切联系，可是四天之后他就没了消息。后来我才发现，他很快就跟别的女人交往，再次见面后，我们坦诚地讨论这件事情，他说他很爱我，跟别的女人只是肉体上的关系，这对他来说不算什么。我的心好痛，因为我要的是一对一的关系，但他觉得双方可以有其他性伴侣。这时，我才发现我们对关系的理念不同，对未来的计划也不一样。最后，我祝福他去过他想要的生活，去环游世界，去中国大陆学武术，也去认识别的女人。我放他自由，也再次让自己经历痛苦的分手和把他戒掉的过程。

如果你跟一个人之间有很强的吸引力，觉得跟他在一起很开心，想要跟他共同成就一个未来，请在跟他发生关系前先与他讨论彼此对关系的看法，并告诉对方自己正处在人生中的哪个阶段。如果当初我先跟伊森讨论过这些问题，相信他会很诚实地告诉我他有自己的梦想要追寻，还不想要一个正式且固定的伴侣；如果我一开始就问他对关系有怎样的定义与意图，想要一对一的关系，还是一对多的关系，如果早知道他的答案，我可能就不会这么投入，只会跟他做普通朋友。

到底谁才适合当你的伴侣?

要判断这个人适不适合当你的伴侣,你需要诚实地问自己想要拥有哪个层次的关系。你是在"我""我们",还是在"心灵成长"这个意识层次?你想要的是第一个层次——通过关系进行条件交换,第二个层次——通过关系一起创造某些东西,还是第三个层次——通过关系支持彼此成长?

承诺一对一的关系

如果你想要的是第三个意识层次的关系,两人一起学习爱、成长、支持彼此活出潜能去做让自己有热情的事,那么拥有一对一的承诺就非常重要。有些第二个意识层次的人渴望满足自己的欲望,但又重视公平,所以会选择进入所谓的"开放关系",认为双方都可以有其他的性伴侣。选择开放关系的夫妻或男女朋友都会遇到信任的问题，两个人在一起已经有很多的摩擦了，所以当这段关系出现了其他人，通常只会更加痛苦。一对一的关系最能够支持两人的心灵成长，因为两人之间已经有很多功课要修，如果还有第三者，关系会变得更复杂，需要面对更多额外的问题，造成两人之间的信任感与安全感不足，较难支持彼此通过关系自我疗愈与成长。

我们要尊重伴侣是自由的个体，但也要设一些为了支持彼此成长的健康界限。理论上来说，爱是自由的，所以我们应该可以接受对方有其他性伴侣，而且一对一的关系在人类历史里是属于较新的关系模式，人类古老的祖先大多拥有一对多的关系，像在过去的母系社会中，男人女人都有多个伴侣那样。这种关系模式自然地储存在人类的集体无意识里，所以到现在，有些人还会有想要多个性伴侣的倾向。可是现代社会只认同一对一的婚姻。因为我们现在能接受的就是一对一的爱情关系，很难改变自己对亲密关系的认知。我认识一些在"开放关系"里的人，但没有一对能够承认双方都有坚定不移的安全感与信任感。或许有些人真的能够做到，可是大部分人还是需要爱人给他一对一的承诺，才会有安全感和信任感。要建立亲密关系、暴露自己的脆弱之处让对方看到、学习面对与接受彼此的每个部分，就必须要有稳定的安全感与信任感。

通常，女人都希望男人能够给她一对一的承诺。发生性关系前，男人会比较愿意诚实地告诉女人他会不会有多位性伴侣，愿不愿意进入一对一的关系；但是当两人发生关系后，男人可能会因为害怕伤害，或害怕失去女人，进而隐瞒自己有一对多关系的倾向。建议女人：如果你要的是一对一的关系，最好在进入关系前确定对方是否单身，并且问他是否也想要一对一的关系。如果他无法给你一对一的承诺，无论你们之间的吸引力有多强，这个男人都不适合你。

两人之间有足够的吸引力

关系成功的要素之一，就是双方对彼此是否有足够的吸引力。吸引力来自双方内在的男性或女性精华是否极为不同，能够造成磁性引力。如果你内在的精华是女性的，而你吸引来的男人的内在精华也是女性的，你们之间的吸引力就不会太强，你跟他在一起也比较不容易感到满足。男女之间像磁铁一般异性相吸，要有一定程度的互补才会有火花。即使你在职场上是个女强人，下班后的你如果内在精华是女性能量较多，那么你就需要找到一个内在精华中男性能量较多的人在一起。

在成长的道路上，每个人都需要培养男性能量与女性能量，让自己有弹性地使用这两股能量，并且成为男性、女性能量都丰富完整的人，但如果要进入关系，性吸引力还是非常重要，所以要找一个性精华跟你相反的人。两个人之间不需要有百分之百的性吸引力，更不要让吸引力成为进入关系的唯一理由，根据恋爱专家艾义·马克·凯兹的说法，两人之间至少要有70%的性吸引力，才适合在一起。

价值观与生活方式相同

关系成功的另一个要素是，两人的价值观与生活方式是和谐的。价值观指你在生命中认为什么是重要的，如果你认为追求心灵成长是最重要的，而他认为追求成就与金钱是最重要的，你们是否能够互相接受与尊重彼此的价值观？还有，你们可以协调两人不同的人生计划吗？例如，他想要生小孩、组成一个大家庭、按部就班地成家立业、工作到老再退休，可你不想生小孩、喜欢有时间的弹性工作、时常出国旅行，你们可以接受与协调两个差异这么大的人生计划吗？建议在跟对方发生关系之前就将这些问题先讨论清楚。

另外，生活方式能够彼此协调也很重要，例如，一个人喜欢住城市，另一个人喜欢住山上；一个人吃素，另一个人吃荤；一个人要养宠物，另一个人对宠物过敏；一个人习惯早起，另一个是夜猫族；一个人有洁癖，另外一个人不爱整理，家中总是乱糟糟的。需要先观察两人的生活模式是否和谐，如果差异太大，就要多考虑是否真的能够接受彼此的不同。如果可以，就要真正接受，不要抱怨，别让这些差异成为以后关系出问题的理由。

我认识一个男人，他跟老婆结婚超过 30 年，却跟老婆关系疏离，两个人也没有住在一起。我问他为什么，他回答因为他老婆生性脏乱，跟她住在一起很痛苦。他刚认识老婆时就知道她不会整理居家环境，但还是跟她结婚了，却在结婚 30 年之后因为这个理由抱怨对方，不跟她住在一起。

另外一个朋友的老公会抽雪茄，她觉得雪茄的味道非常臭，我问她怎么可以受得了这个味道，她说："当我决定嫁给这个人的时候，我也就嫁给了他的雪茄，这雪茄是跟着这个男人来的。"这对夫妻已经结婚四十多年了，还是能够很和谐地住在一起。所以要花足够的时间去了解双方的生活方式，如果愿意接受，那就要完全接受，若不能够接受，就不要跟对方继续发展关系。

两人拥有相同程度的自我成长意愿

适合当你伴侣的人，需要跟你有类似程度的自我成长意愿。如果一方是愿意自我反省，看到自己的问题，愿意承认自己的缺点与弱点，向对方道歉，愿意跟对方沟通，并且喜欢探索自己的人；另一方却是不愿意自我成长，不愿意沟通，不愿意替自己的感觉负责而只会怪对方、逃避、假装问题不存在、不想要解决问题的人，这段关系会让双方都非常痛苦。如果你对自我成长的意愿比伴侣强，就会觉得很累，像是拉一头不愿意动的牛去喝水，希望他了解你，也了解自己，所以需要解释很多事，可是他不见得想听或听得懂，或他会用你承认的缺点与弱点来伤害你，这会使你生气、无奈、挫败。同时对方也会觉得你很烦，整天都在自我反省，凡事都要分析跟解释，他会讨厌你时常想跟他沟通的举动，并且因为你一直要求他做，他却无法做到的事而生气，这些都会使他失去自信心，好像怎么做都跟不上你，他也不喜欢你像老师一样不断教导他，会觉得你对他而言已失去了性吸引力。

适合你的伴侣不需要懂的跟你一样多，不需要上过心灵课程或看过相关书籍，可是两人学习爱、自我成长的意愿必须相同，才能开心地一起建立亲密关系。

不要用放大镜检视他，
要创造一连串正面经验

在交往的过程中，有些人会过度小心，不时把对方摆到放大镜下检视。每次约会都仿佛侦探般疑神疑鬼，不断把对方的小缺点拿来检验，约会变成面试，完全失去了乐趣。

建议这样的人刚开始交往时，让两人的约会变成一连串正面相处的经验，不要刚开始约会就马上去想对方适不适合自己、会不会是自己未来的伴侣，而是去创造两人相处很开心的经验，尽量让自己享受跟他在一起的感觉，观察自己跟他在一起是不是很自在？是不是很放松、喜悦？多观照自己的感觉。如果你每次跟对方在一起都感觉不自在、很尴尬、不舒服或恶心，那就不要再继续这段关系了。

例如，珍妮跟一个自己很喜欢的男人约会，她察觉自己跟对方在一起的时候有种不自在的感觉，起因是她会介绍客户给这个男生，但珍妮不确定这个男生是真正喜欢她本人，还是因为她会介绍客户给他。我鼓励珍妮有任何疑问就直接问他，不需要跟他玩游戏、怀疑他。有任何不舒服的感觉就直接表达，想办法让自己感到自在，让他看到真实的你。两人相处有足够的正面经验，确定你跟他在一起觉得自在、开心之后，再开始更深刻的交流，深入了解彼此。

怎么知道自己是否已准备好进入关系？

听我解释了这么多太早坠入情网的危险性，以及要多爱自己才不会爱上不适合的对象的提醒，一位学生问我："怎么知道自己是否准备好可以进入关系了？"我的回答是，首先你要知道自己进入关系的动机是什么，如果你想通过关系逃避你的寂寞、靠别人照顾你、期待对方给你什么，进入关系后，你早晚都会碰到自己想逃避的感觉与本来就有的问题。因为对关系有期待和执着，你一定会感到痛苦。你必须喝下关系的苦药，来帮助自己长大，变成能陪伴自己的寂寞、靠自己给出自己所需、懂得独立爱自己的人。这样，关系里的痛苦，就会变成你成长的养分。

你可以选择在关系里成长，或在单身状态下成长。生命会一直不断地教导、带领你去发现与接受你还没成熟的部分。如果你已经历过太多次跟不适合的人谈恋爱，也在关系里受够了苦，你就可以多花些时间去认识与照顾你的内在小孩，不再向外求，把专注力放在做使你开心的事上。当你爱上了自己、不害怕孤单、能够自足、欣赏与感恩你的生命，自然就会吸引比较成熟，也懂得爱你的对象。

如果进入关系的动力源自较高的意图，例如通过关系自我成长，活出热情、潜能，学习爱也支持对方同样地成长，那你随时都可以进入关系。只要不期待对方会解决你的问题、成为你幸福快乐的原因，你就会感谢关系一直刺激你，让你成长，教你爱自己，进而你才能够真正地爱他人。从灵性的观点来看，没有对或错的伴侣，但是觉知越高，你越能够清明选择是否要进入关系以及跟谁进入关系。

如果你不断重复跟不适合的人进入关系，也无须后悔，请慈悲地原谅与接受自己，把这个过程当作学习成长的机会，直到你可以看透你对他人的吸引力、看到你的爱情模式下的内在小孩，他一直等着你去爱他。如果你开始拥抱渴望爱的自己，下一次就能够在深入关系前睁大眼睛，确认双方是否都要一对一的关系，是否有足够的性吸引力，彼此的价值观、人生目标与生活方式是否和谐，以及自我成长的意愿是否相同。

若相信爱是痛苦的，便会重复吸引痛苦的爱情模式

如果你很难找到伴侣，建议你去探索自己对男人／女人与关系的负面信念。当你有爱情是痛苦的信念，便会一直吸引痛苦的爱情。或许是因为你小时候没有从父母身上得到足够的爱、父母的关系让你对爱绝望、恋爱经验充满了挫败、周遭朋友的恋情也都充满挫折？这些累积下来会使你对爱情有很深的负面信念，使你无意识地不断吸引不健康的爱情，让你爱上已经结婚或有男女朋友的情人、有上瘾症的情人、会欺骗你或对你不好的情人、无法独立而需要你养的情人、住在远方的情人、不给你承诺的情人……

跟不爱你的情人在一起，会让你想尽办法去花很多精神做很多事，来证明自己值得被爱。你跟自己的小我陷入苦战，通过情人来证明自己的价值，那个情人到底是谁其实不

重要，你要的不见得是他，而是那个你能够得到爱的证明。

如果你有这种会让自己重复吸引痛苦爱情的潜意识模式，你就需要开始做一些自我疗愈，提高自我觉知与觉察力，去探索你有关爱情的负面信念是从哪里来的、从何时开始的。它通常是来自内在一个年纪很小的小孩，那时候的你因为某种生存环境或父母的关系，受到很大的打击，感到惊吓、恐惧、没安全感、受伤与不被爱。你需要疗愈内在这个受伤的小孩，才能够重新拥抱自己对爱情的正面信念。

疗愈的第一步是觉知，先承认你有这种负面的关系模式，再看到心里那个需要你爱的内在小孩。意识到内在受伤的小孩，就要开始愿意感觉他的痛、陪伴他、接受他，用现在已经成为大人的你的爱去拥抱他。你可以去找能够带领、帮助你做疗愈的咨询师或心灵老师。当你发现自己在关系中拼命地努力付出，却还是得不到爱时，请先停下来，开始自我反省或去寻求专业协助。如果你正在一段让你感觉很困惑的关系里，可以用局外人的角度来看看这段关系，自问如果你的女儿／儿子在这种关系里，你会给他什么建议？答案或许就会让你清醒过来，知道下一步该做什么才对得起自己。

自我疗愈是一辈子的过程，你需要很有耐心地对待内在小孩，一层层疗愈他的痛苦。不要以为做完一次疗愈，你就过关没问题了。只要发现自己还是不断地向对方"讨爱"、需要证明自己值得被爱，就表示你还要继续自我觉察、疗愈。直到你能够开始吸引对你好，也适合你的对象——单身、愿意一起在心灵上成长、愿意给一对一的承诺、你们之间有足够的性吸引力、有诚信、能独立照顾自己、住在同一个城市、一开始就一直对你很好的情人。你如果很清楚只有这样的情人有资格跟你在一起，你就值得一个健康、充满爱的关系，那种让你痛苦的情人将不再吸引你。一旦发现对方不合适，你便能立刻离开，不再浪费精力在他身上，这代表你已经脱离过去那种不健康的关系模式，你已经成长了，将来也有机会实现健康美好的爱情关系。

认识多久才能结婚?

婚姻专家帕特·艾伦博士建议,最好至少花一年的时间去认识一个人,才能够确定他是否诚信、是否适合结婚。如果把一年分成四个阶段,第一阶段是两人刚认识的三个月,这段时间双方会表现出自己最美好的一面,答应的事情都会做到,把最棒的自己展现出来给对方看。

第二阶段的三个月,双方开始发现对方的毛病,原本完美的对象其实有缺点,而自己的问题也会浮现,两人开始有冲突。这阶段充满挑战,你或许会开始怀疑自己是否要结婚。因为每个人都有人性的缺点与弱点,没有一个人是完美的,只要是人,就是不完美的。如果你想跟一个完美的人结婚,这代表你并不适合结婚,一个人必须很想结婚,才有办法走入婚姻。帕特·艾伦博士说:"天底下没有一个人是值得你跟他结婚的,除非你真的很想结婚,渴望结婚到愿意跟一个有缺点的凡人结婚。"

第三阶段的三个月，双方的缺点与弱点都已经暴露在对方面前，而能否继续在一起，就要看两人的包容度与吸引力是否足够。这阶段就要开始探索两人的男性能量与女性能量是否相容，对生命的价值观与生活模式是否相同或和谐。

最后的三个月才真正开始考虑是否要结婚，还是要同居而不结婚，双方要用什么样的方式继续在一起。建议双方从认识到正式签署结婚证书，至少要花上一年的时间，当然有些夫妻认识不久就结婚，婚姻也维持得很久，但这些都属于少数，如果想要安全实在地去决定是否要跟一个人结婚，花一年的时间去认识对方是最基本的条件。

建议每个人都要很自律地爱自己，照顾自己的心。如果你跟着欲望走，很容易得到精彩的恋情，分泌许多让你兴奋不已的荷尔蒙，会像云霄飞车一样不断地上上下下，一下子热恋，一下子又要经历需要把情人戒掉的痛苦，无法得到长久的喜悦与平静。每个人都需要自律地给自己很多的爱、提高自我觉知、知道进入婚姻或关系的动机是什么。自律地爱自己，你才能够对婚姻或关系做出有智慧的判断。

第七章

阳刚的女强人
如何找到伴侣？

生命的热情
使我找到内在的爱人

我一直都是个独立自主的女强人，我的工作就是我的热情与使命，我没有什么私人生活。我时常帮人做心灵疗愈与咨询，这是一份跟人亲密接触的工作，所以当我没在工作时，会很需要自己独处的时间与空间，这也是我在台湾一直没有交男朋友的原因之一。

我表哥曾告诉我，我比一般台湾男人还要"男人"，我的男性能量充沛，上进心强、独立自主、爱好自由、积极主动、为了使命而活、敢当自己，外加上我在美国长大的西方背景使我跟一般台湾人不同，这些都不是一般台湾男人在寻找的女性特质。

我不会担心自己的生理时钟已经到点了，必须快点生小孩，否则会来不及，因为我的工作本身就需要付出许多母爱，当我帮人疗愈的时候，就像是在当对方心灵上的母亲。女人需要养育或培养某些人事物，才能感到满足与完整。而我因为工作的特质，一直都在培养、照顾我的学生，所以我这部分一直都能获得满足。

对现阶段的我来说，工作是最重要的事，其实我的工作不是工作，它是我的生命，是我存在于这个地球上的理由，没有什么比做我的工作更能让我感到开心的事了。我也经历过渴望伴侣的阶段，除了照顾我内心的孩子，我在日常生活中也做了一些具体的改变——开始减少工作量、多出去玩、去跳舞、出外认识新朋友，我很庆幸自己踏出了这一步，从此我的生命变得平衡，不但认真工作，也认真玩乐。

我做的另一个改变，就是在日常生活中培养女性能量。我开始多给自己休息放松的时间，陪伴我的内在小孩，无论他有多寂寞或多难过的负面情绪。我也学习去做我以前不会做的、较女性化的事情，像随意逛街、喝下午茶、使用保养品与化妆品、穿高跟鞋——以前，这些都是让我觉得浪费时间、麻烦、没意义的事。我知道我要学习接受人类的每个部分，特别是要接受自己抗拒的人类特质，我才能够让修行落实到日常生活里。因此我开始去做我以前常常很抗拒的事，我去看时尚女人如何打扮自己、开始保养化妆、穿时髦的服装。我发现这些都是女人展现女性"美"和"光"的艺术。我把这些以前我认为是肤浅鄙陋的行为变成照顾自己、爱自己的仪式。从给自己更多放松的时间到穿高跟鞋，这一切转变都使我更落实在地球上，更开心地当女人，跟人的连接也更紧密。

"阴"能补"阳"，所以当我将自己的女性能量培养得更多时，我的男性能量自然也变得更发达了。我开始有更清楚的生活目标与更大的愿景，感觉"阴"支持我开发内在一个更成熟有力的"阳"，使我的眼界更广、更有方向、对生命更有热情，如同找到自己内在的爱人。过去的孤单、想找男朋友的感觉也跟着淡掉了；以前想要从男女之间的吸引力感受到热情，现在热情却从我内在一直冒出来。我只要一直跟着热情走，活出我的目标，就能体会到生生不息的喜悦。

身为职场女性的你，真的想要进入关系吗？

如果你是个职场女性，要很诚实地问自己是否真的想有伴侣？如果你想要有男朋友或结婚生子，却抱着顺其自然的心，以为真命天子等"缘分"到了就会出现，这样或许不够。如果你的日子过得很开心，也从事着自己热爱的事业，你就比较有可能吸引男人，可是如果你把大部分时间都花在一份不喜欢的工作上，过得并不开心，这就会使你变得很灰暗，更难靠"缘分"遇见伴侣。如果真的想有伴侣，你需要减少工作时间、出去做开心的事、认识新朋友。即使你热爱工作，还是需要腾出时间放松、玩乐，才能平衡生活。

许多职场女性忙于追求事业、经营自己的公司或汲汲营营于升迁。她们超时工作，把事业摆第一，所以根本没有什么时间去玩、扩大交友圈、跟男人约会。到了周末，她们通常已经累垮了，只想休息或跟朋友聚会，自己想要做的事情还没做完，甚至还没睡饱，星期一又来了，不得不把自己再次投入另一个工作忙碌的星期。

一份美国调查报告指出，高达70%的职场女性后悔自己没有结婚或生小孩，另外几份跨文化报告指出，让女人最快乐的事情是当母亲。我猜这70%的职场女性可能并不热爱她的生活与工作，没有追随自己最大的热情。但有些女人最大的热情真的就是成为母亲照顾小孩，如果你也是如此，就必须认真地安排时间，减少工作，去社交、约会。但很多女人不知道自己的热情是什么，也未允许自己去探索。因为没有目标或愿景，所以对生命感到失落、不满，就会幻想结婚生小孩是她们追寻的答案。这样的女人可以先寻找自己的热情、目标。如果把时间与精神放在培养让自己开心的事情，你就不会执着于自己有没有结婚及生小孩。

我也认识许多热爱工作的职业女性，她们不在意是否结婚与生小孩。无论你是否想要伴侣或成为母亲，都需要运用职场女性的那股男性能量去做你热爱的事。不要只为了喂养安全感，而把时间浪费在一份没有热情的工作上，流失宝贵的生命力，让你变得衰老、灰暗、不快乐且无趣。只有做你热爱的事，你才会开心起来，你光芒四射的喜悦会像磁铁一样吸引许多人来到你的身边，不只是男人。如果你要的是男人，你就会有无数的选择。

寻找伴侣前，先找出你的热情

如果你找不到你的热情，就会更倾向于把婚姻与生小孩当作人生的备案。许多人不知道人生的目的为何,不知道什么才能带给他们最大的热情,他们容易接受社会既定的模式而去结婚生子,单纯只是因为不知道自己还有其他选项,再加上社会认为结婚生子才是正常的。有些人在我的两性关系工作坊中承认:他们之所以想要进入关系,是为了想要让自己看起来像正常人,被父母与社会所接受。

如果当母亲真的是你最大的热情,我鼓励你追随热情成为母亲。但如果结婚生子不是你确定想要的,而是你觉得你"应该"这么做,或以为这是解决孤单、没有人生目标这些问题的好办法,那迟早会让你对婚姻感到失望。你的先生会改变,对婚姻的感觉也会改变,你的小孩长大后也会离开你,生命迟早会逼迫你去面对婚前就有的问题:"你是谁?你的热情、人生目的是什么?"

如果不清楚你的热情是什么,建议你先停止那些为了安全感而做的,如果你没有做自己感兴趣的工作,就给自己一段空档去尝试任何让你开心的活动。虽然进入未知会使你很恐惧,但如果没有放掉旧的,新的就进不来。所以请带着你的恐惧,勇敢跳入未知的空白,它是拥有最多可能性的出发点,它会让你发掘你的热情。

根据我的心理咨询经验,我发现许多东方人的内心还没独立,他们的身份认同还是跟父母交杂在一起。在放下无趣的工作过程中,他们会害怕面临父母与周遭人的质问与批判。与其遵循社会与父母的价值观,你不如坚守你的立场。这是一个跟父母建立亲密关系的绝佳机会,通过告诉他们你的感觉、你是谁,告诉他们你活得很疲惫,工作使你不快乐,让他们知道真实的你。勇敢地讲出你需要得到他们的支持去休息一段时间,并用这段时间去寻找你的热情。你或许需要跟他们沟通很多次,才能得到他们的理解,不断地让他们知道你在现在的工作中有多么辛苦与沮丧,他们迟早会接受你的选择,支持你给自己时间。

关键在于你必须先百分之百地支持自己去做这个选择,周围的人会像镜子一样反射你对待自己的态度,如果你怀疑或批判自己的选择,周遭的人也会如此对待你。如果你全然地相信你值得空出时间,让自己放松,寻找热情,而且承诺自己会跟着内心的真实感觉走,周遭的人也会支持你。

热爱你的事业，同时拥有亲密关系

　　如果你热爱事业，同时也想要拥有爱情或婚姻，那么你必须相信自己两者都可以兼得，将你的私生活摆在与事业同等重要的位置。没有时间去认识新朋友和约会只不过是借口，如果你能够担任公司的总裁，是一个聪明能干且懂得经营职业生涯的女人，你也就能够把同样的精神、才华、技巧和资源投资在经营私人生活上。你不需要是个天才，懂得如何为你想要实现的目标拨出时间，你需要的是对你的私人生活有所承诺。有了意愿、承诺，接下来就要展开具体行动，除了工作以外，去参加让你开心的活动，挑战自己并跳脱一个人生活的习惯，有纪律地把自己带出去认识人、去约会。只要你下定决心同时经营两者，就可以同时拥有你热爱的事业也拥有亲密关系。记住：你把时间、精力放在什么上，你就会实现什么。

去结交各种朋友，不只是男人

　　当你愿意拨出时间扩大交友圈、出去跟人交往时，不要把重点放在认识有可能当你伴侣的男人上面。把每次出去玩、跟人互动的时间，当作学习跟人分享爱的机会。出门猎捕男人的女人，不会吸引到适合自己长久交往的对象，男人闻得出你的饥渴，所以会离你远远的，除非他只想跟你上床，或他也跟你一样缺乏爱，拼命地在寻找爱情。相反，如果你是个很享受跟任何人互动的女人，能够开心地跟所有人交流，你会是个活在当下、很有吸引力的女人。

你如果不敢主动跟人互动，是因为你的自信心不够，觉得自己不够好，你必须在自我成长上下些功夫，学习认识与接受你的内在小孩，爱自己才能有自信跟人分享爱。

如果你带着低意识的动机去认识人，跟谁互动都有目的，只专注在有吸引力的男人身上，没有兴趣注意其他人，这表示你的心没有真的打开。你内在像是有个匮乏爱的洞，而且你已经指定好什么样的人才能够补满你的洞。如果没有允许爱顺畅地流动，你吸引的男人也会是一样的，动机来自于低意识，希望你能够补满他匮乏爱的洞。一个成熟、能给人很多爱的男人如果被你吸引，也不会真的考虑把你当作正式交往的对象。你如果准备好要进入高意识的关系、愿意学习爱，那就练习在每一刻敞开，爱上你生活中的每一分每一秒、跟出现在你面前的每个人分享爱。请你把出去跟人互动当作从"我"成长到"我们俩",再成长到"大家"一起来分享爱的学习过程。时时刻刻都能够与大家分享爱,才是最大的爱,这也是你最高的潜能。

阳刚女人要迎回女性能量

善用女性能量,重拾夫妻吸引力

玛莉抱怨自己对先生不再有感觉,她上了很多灵性课程,觉察力变得很强,无论在生活上遇到什么事情,都知道该如何面对。反观先生似乎跟不上她,没她这么有"灵性",觉察力也没有她强。先生在工作上遇到问题,不知道该不该辞职,也不清楚自己的方向,每天都愁眉苦脸。这个状况让玛莉觉得很烦躁,她给先生提供了很多建议,他却不想听。先生没有成长,这让玛莉觉得很沮丧,觉得他对自己而言不再有吸引力了,甚至怀疑自己是否还要继续跟他在一起。

我告诉玛莉:"只要你一直想解决他的问题,想要引导他,那你就是在扮演一个男性的角色,你的先生会变得没自信、渺小，也会让他失去对你的吸引力。你不断给他意见，就好像在炫耀你的能力比他的大。这会使两人之间变得没有热情，连性吸引力也会淡掉。"

我引导玛莉回顾自己什么时候觉得先生最有吸引力，她说："当我很相信他，觉得他很棒，很有自信，能够解决所有问题时，他是最性感的。"我建议玛莉下次当先生又愁眉苦脸，带着一大堆问题回来的时候，可以用女性能量对待他，对他很温柔，倾听他，但不给建议，相信先生有办法解决自己的问题。玛莉可以给先生的礼物不是帮他解决问题，而是运用她的女性能量、体贴、温柔、魅力给先生爱。她的爱能融化先生脑袋里那个执着的死结，帮助他解放他的意识，从一个更广阔的观点看到他的问题其实没那么严重，使他能够开心地回到当下跟玛莉相处。玛莉能扎根在自己的平静与快乐中，让她的女性美更闪亮，看到先生愁眉苦脸地回家时，去抱抱他，亲亲他，用自己的女性魅力、肢体语言让他知道："我相信你会解决你的问题，不论如何，我还是很爱你。"当玛莉用女性温柔、性感的能量对待先生，他们之间的性吸引力就重新回来了。

"阳刚女人"要学习迎回女性能量，阳刚女人天生就是比较男性，她们独立、企图心强、意见多、知道自己要什么、对人无所求。她们跟男人相处时，也会无意识地展现出自己比较男性化的特质，例如，习惯给男伴建议，告诉男伴怎么做，替两人做决定。男人会觉得自己失去了存在的必要，他们会有被阉割的感觉，觉得自己没有被你珍惜、感谢，因为阳刚女人看起来好像不需要男人给予她任何东西，即使她们内在还是渴望得到男人的爱。

当你在关系里习惯使用男性能量与你阳刚的男伴相处时，就会像玛莉一样跟男伴相距越来越遥远，像两个正极的磁铁会相斥，必须有一正一负不同的两极才会相吸。如果你是单身的阳刚女人，且一直找不到伴侣，或许你会害怕卸下盔甲，但你要允许自己敞开、脆弱、柔软下来并臣服，要唤醒这些女性特质，才会吸引男性能量强的伴侣。

融化阳刚女人的盔甲

除了天生男性能量较多外,女人之所以变得阳刚,或许跟她的成长背景有关。由于从小见证父母的互动,以及与父母之间产生的负面感觉,我们会无意识地形成对自己、对他人,以及对生命的负面信念,会开始戴上盔甲来保护自己内在的脆弱,才能够生存。以下是许多阳刚女人常有的无意识的负面信念:

1. "我无法相信男人,因为他们会伤害我"

如果你小时候看到妈妈一直都在经济上依靠爸爸,失去了自由,一举一动都需要经过爸爸允许,甚至必须忍受爸爸有外遇与暴力的行为的话,你可能因此开始不相信男人。看到妈妈无法独立,想离开却又离不开,见证父母这么不快乐、不自由的婚姻，你可能已经在心里告诉自己：以后长大一定要独立，不能被男人控制。

2. "男人是不可靠的，我只能靠自己"

如果你小时候家境贫穷，爸爸不负责任、没有照顾家庭，使你从小到大都觉得无依无靠，没安全感，凡事都得靠自己的话，从那时起，你就已经开始建立"男人不可靠"的信念。

3. "生命是痛苦的，我要拼命才能生存"

如果从小父母就给你很大的压力，或你是家中的老大，父母期待年纪还小的你一手将其他弟妹带大，使你觉得无论做得多好，还是无法应付生命中的挑战。于是你长大后就会因为缺乏支持与安全感而变得过度努力，觉得生命是一场硬仗，只有独自奋斗才有办法活下去。

4. "我不够好，需要不断证明我的价值"

如果从小父母只重视你的成绩与表现，而不是你的个人价值，或是不管你表现得多好，他们都不认同你，只会嫌弃你的缺点，你会从小就觉得自己永远不够好。于是长大后你就会变得没有自信，习惯看别人的脸色，依照他人对你的感觉衡量自己的价值。希望表现完美，证明你的价值，所以持续让自己在巨大的压力之下，完成接踵而来的挑战。

这些小时候的伤口，造成你潜意识里对自己、对男人、对生命的负面信念，使你觉得必须穿上盔甲变得阳刚，你才能够生存。可是现在的你，已经不需要阳刚才能生存，所以当你意识到你又在用过去那个小女孩的信念过生活时，你就可以开始把爱带给那个充满恐惧的小女孩，她才会觉得终于被了解与拥抱，当内在的小女孩得到了你的爱，她就会有安全感，这时作为大人的你才能够建立正面的信念，例如，"男人是可信赖的""男人是可靠的""我身边有无尽的支持""生命充满喜乐""我可以轻松地享受生命""我是完美的""无论如何我都值得被爱"——当你真正能够跟这些正面的信念产生共鸣后，阳刚女人的盔甲就自然地被卸下了。

阳刚的女人害怕变得脆弱，不想让自己需要别人，所以会想要掌控局面，维持坚强。暴露自己的脆弱需要很大的勇气，这是一种女性的力量。要拥有美好的亲密关系，早晚都得冒险让伴侣看到你的脆弱。你可以小心挑选你要敞开的对象，花足够多的时间去认识他，然后就要开始学习信任对方，敞开你的心，展现盔甲下真实的你，你的男伴才能看到你的美而爱上你。

用感觉跟他相处，而不是用头脑

阳刚的女人可以学习多聆听自己身体的感觉、情绪，而不只是用头脑思考。放慢脚步、多花时间放松，跟自己的身体连结。你的头脑有许多滤网，经常会把真实过滤掉，你会讲出头脑觉得应该讲的话，那些不见得是你真正想说的，但身体的感觉与情绪是无法骗人的。要对自己的身体保持敏锐，聆听内在的感觉，才能觉察与沟通你的真实感受。当你慢下来，重视身体的感觉与内心的情绪时，你也会开始对别人的情绪更敏感，更能够觉察到男人的感觉，即使他没有跟你说话，你还是能够了解他，因为只要你用身体与心去感觉他，你就已经在进行非语言的沟通了。根据心理学家的研究，人跟人之间的沟通 90% 以上都是非语言的沟通。阳刚的女人要学习用身体与感觉跟男人相处，才不会硬碰硬，男女互动才会比较和谐。

给男人机会表现，让他知道你需要他

阳刚女人习惯自己处理一切事情，为了学习信任、臣服与柔软，你可以练习向人请求帮助，给男人机会展现能力，通过他的行动表达对你的爱。两性关系专家约翰·葛瑞认为：男人需要觉得他能讨好你，才会觉得跟你有连结。因此，女人要给男人机会表现，让他觉得自己对你是有价值的，能够"成功地"讨好你。如果不给他提供任何帮助你的机会，他会觉得你一点儿都不需要他。在自我成长道路上，你要成为一个独立自主的女人；但在跟男人互动时，你要能够有弹性地从阳刚的男性能量变换到阴柔的女性能量，允许自己接受爱。我们都活在一个相互依赖的世界，当你能够臣服，承认你需要帮助，你就会得到内心一直渴望的照顾与支持，当你暴露女性阴柔脆弱的特质，男女之间的吸引力会随之加强。以前有位我很喜欢的男人，过了好久他才知道我喜欢他，成为我的男朋友，他告诉我因为我表现得很独立、一点也不需要任何人，他一直以为我是同性恋。

　　阳刚女人请多要求别人的协助，下次当男人去你家时，试着请他帮一些忙，例如，帮你检查车子、修理电器、移动沉重的家具，甚至请他帮忙打开玻璃罐，这些小事都会让他感到得意、有成就感，因此更想靠近你（除非他没有那么喜欢你）。

你是主导型（Alpha）
还是阴柔型（Beta）女人？

在一群狗当中通常会有一只主导者，其他狗会跟随这只狗，英文称这只狗叫"Alpha Dog"。为了探讨今日社会中一群成功，却找不到对象的女性，我们可以用"主导型"来形容她们。主导型女人是属于第二层次意识的女强人与阳刚女人的总称。主导型女人是团体中的领袖人物，她们掌控自己的生命，通常很独立、成功，她们知道自己要什么，认为工作比婚姻重要。我听过各国女性有关无法找到适合自己的男人的抱怨，这些女人能力强，能够在经济上自给自足，她们健康美丽、学历高、个性善良，但她们找不到男朋友。

这些主导型女人并不期待男人能当经济上的供应者，但会希望男人也带有主导型特质，如主动、有事业心、成功、果断、有方向和目标等。许多主导型女人的内在主要还是以女性能量为主，即使她们外表看起来坚强且能掌控全局，仍渴望找到一个能够松懈她们那种控制欲望的伴侣，让自己回归女性的柔软天性。许多女强人希望找到值得自己臣服的对象，私底下渴望在情绪上或精神上有个能依靠的伴侣。她们对于必须一直掌控大局这件事感到十分疲惫，也知道自己的女性能量都已枯竭殆尽，这些女强人希望有一个值得信赖的男人进入她的生命，帮她分担责任，让她觉得自己能够安全地脱下盔甲，让阴柔女性的自我出来透透气。

阴柔型女人是主导型女人的反例，她们比较在乎婚姻与关系，不像主导型女人一定要有自己的事业。这些女人每天花时间打扮、美容驻颜、坚持运动以保持良好的身材，让自己光彩夺目。在关系中她们让男人主导，乐于放弃自己的事业，随着先生的工作迁徙。大部分的传统家庭主妇都属于阴柔型女人，她们喜欢在家中宴客，招待先生与先生的朋友们。可想而知，阴柔型女人通常在经济上需要依靠男伴。

主导型女人通常找不到伴侣，而阴柔型女人则很容易有男朋友，容易觅得结婚对象。随着时代的改变，越来越多女人的能力比男人强，经济状况也比男人好，于是很多女人都变得倾向于主导型，所以会抱怨自己找不到适合的男人。主导型女人要吸引主导型的男人，就必须找回自己内在阴柔的女性特质。

主导型女人配主导型男人

主导型女人配年纪相仿的主导型男人，这种组合较有挑战性，双方阳刚的男性能量容易进行竞争、比较、起冲突。通常，这种搭配会考验彼此的接纳度、耐性与包容心，两人都需要学习让步，才有可能维持关系。如果你是个主导型女人，而且喜欢主导型男人胜过阴柔型男人，渴望吸引的是主导型男人，你该怎么做呢？看看阴柔型女人都做些什么。主导型女人可以学习去做通常她们会看不起的阴柔型女人做的事，多放松，把自己的身体照顾得很健康，并注重穿着打扮，让自己看起来容光焕发、充满女人味。

男人喜欢美丽又懂得照顾自己的女人

男人是视觉动物，被女人吸引时首先注意到的就是她的外表，很多主导型女人或在乎灵性的女人都认为美应该是从内在散发出来的，如果男人不爱我的外表，那是因为他太肤浅，觉得女人要打扮自己去吸引男人是没深度的事。女人需要了解大自然中男女的本性，人类那些居住在山洞里的男性祖先会寻找身体健壮、能够照顾小孩的女人，健康的女人看起来充满能量、有活力、会发光。这个需求一直传承到现代男人的潜意识里，所以男人很自然地会寻找有这些特质的女性，如此才能够确保他们下一代的健康。男人的本性就是用眼睛去挑选女人，本来就会在意女人美不美。女人如果不在乎外表与身材，这只是自欺欺人的表现，很多时候是用这个借口来偷懒不愿意运动、不愿意花金钱或时间在自己身上、不愿意照顾自己。

要照顾你的身体，让自己变得健康美丽，不等于要像电视上的模特那样减肥、化妆或拥有某种形象。只要你规律地运动，吃有益健康的食物，花时间爱自己，让自己放松休息，睡眠充足，挑选适合自己的衣服与发型，如果能做到以上这几件事，你看起来就会是个很美丽的女人。如果你想吸引男人，可以试着换个发型，不要坚持留那种方便型的短发，不要常穿深色西装，或只穿宽松、朴素的浅色衣服。让你的衣橱里有各种不同剪裁、颜色与风格的衣服,不要只穿单一类型或颜色的衣服。有时也可以试着穿高跟鞋、化妆、打扮自己,让自己散发出女性闪亮的吸引力。

男人很自然就能够看出女人有没有好好疼爱自己,有没有把自己的身体与外表保养得很好。如果你是个不运动、也不在乎外表的女人,男人潜意识里会怀疑如果你连自己都照顾不好,那你未来如何能够照顾他或是小孩呢?

要提醒女人:"世界上没有丑女人,只有懒女人。"有时我看到一些年纪大的女人,她们头发已经白了,脸上也有了皱纹,但看起来还是好美,因为她们会花时间照顾自己,去运动、爬山、做瑜伽、整理头发,用漂亮的衣服与装饰品点缀自己;或是有些身体有障碍的女人,虽然不便于行动,却有一种亮丽的风采,因为她们会用心照顾自己的健康、打扮自己。女人的美丽对男人来说像是一种资产,男人会欣赏、感恩你的美,那使他非常开心,就像是给他一份大礼,因为你很爱惜自己,他也会很爱惜你。

从主导型转换成阴柔型

如果你觉得主导型男人比较有吸引力，这代表你内在的女性特质还是大于男性特质。主导型女人要吸引主导型男人，就必须跟阴柔型女人学习，懂得找回你内在女性的精华，做一个轻松、柔和、开心、敞开、放松的自己。主导型女人可以去做一些自己平常认为阴柔型女人在浪费时间的事，例如，喝下午茶、漫无目的地逛街、为了观赏美丽的东西去大自然里散步、去海边或是湖泊边坐着看风景发呆、去美容院洗头、去SPA馆按摩，或泡温泉等任何有助于让你放松、找回你女性天性的活动。

主导型女人白天在工作上可以保持自己的男性能量，因为她需要男性能量来解决事情、安排时间、督促其他人完成工作、谈生意、争取她想要的。但为了要有吸引力，也必须懂得磁铁"异性相吸、同性相斥"的道理，就像磁铁一样，主导型男人会被柔软、有女人味的阴柔型女人吸引，并会排斥阳刚的主导型女人。

下班后，与男人相处前，你特别需要融化自己的男性主导型能量，重拾女性的阴柔能量。你可以先去上一堂瑜伽课，或是去运动来帮助你回到自己的身体，把头脑的能量发泄掉。你需要花至少30到60分钟把男性能量转换成女性能量。下班后就"把你的睾丸拿掉"，去泡个澡、点蜡烛，用你最喜欢的精油，听会儿使你放松的音乐。你也可以先脱掉衣服，随着自己最爱的音乐翩翩起舞，确定让自己的感官充满了享乐，运用五官感受来帮助你离开头脑，回到充满感官的身体。泡完澡之后，穿上让你感觉开心、性感、舒服、有女人味的衣服，花时间用饰品点缀你的身体，用化妆品修饰你的容颜，让你容光焕发地去跟男人见面。跟男人相处时，记得注意你的情绪、你身体的感觉，用你的感觉跟他沟通，而不是一直讲理性的想法。例如，你们去看画展，你可以诉说画展给你什么感觉，诸如悲伤、紧张、害怕、兴奋、震撼、感人等，而不要用太多理性的分析，主导型女人要多练习与人沟通自己心里的感觉。

好消息是，根据美国一位内分泌学家的研究报告指出，时常使用男性能量的女人想要卸下男性能量，重新当个女人时，只要决定换挡到女性能量，体内自然会产生一种酵素，使女人停止分泌睾酮素（男性荷尔蒙），转而开始分泌雌激素（女性荷尔蒙）。所以主导型女人下班后只要想换挡到阴柔型女人，身体自然会支持她去做这个改变。

主导型女人配阴柔型男人

虽然很多主导型女人被主导型男人吸引，但有些主导型女人最后会发现自己跟阴柔型男人在一起比较和谐与快乐。阴柔型男人通常比较敏感、体贴、很会照顾人，许多男人事业有成、年纪大了之后，自然会变得比较阴柔。许多当艺术家、画家、作家或心理咨询师的男人，也都是阴柔型男人。如果双方能够尊重并欣赏彼此的差异，而不是希望对方变得更像自己，或要求对方符合社会版本的"好先生""好太太"的要求，主导型女人与阴柔型男人的组合也很理想。例如，一位当上公司副总裁的女人，能珍惜与感谢在家里带小孩做家事的先生。

另一种主导型女人配阴柔型男人的组合是：年纪较轻、有雄心壮志，想开创自己事业的主导型女人，配一个年纪比她大、已经退休、经济富裕，愿意支持她发展事业的阴柔型男人。这种男人不会占据她的工作时间，能够自己开心地在家种菜、打高尔夫球、做让自己开心的事。

主导型女人与阴柔型男人的组合如果要成功,双方都要放下传统价值观对男人与女人所定义的责任,放下男人与女人应该怎么做才符合社会对好先生与好太太的期待。从我认识的主导型女人与阴柔型男人的组合看来,他们需要一些时间适应扮演非传统男女的角色,不在乎他们的亲戚朋友如何看待,自己也要很清楚自己心里有没有一些对阴柔型男人的不合理期待,例如,你希望男伴在家带小孩、煮饭,但还是常抱怨他不够积极主动、没有出去赚钱养家。这些问题如果都可以克服,主导型女人与阴柔型男人便能成为理想的一对。

主导型女人不要去追男人

主导型女人的本性比较主动直接,有时候会直接去追男人,打电话给男人找他出来约会。有些约会专家认为这不是个好主意,女人不需要去追男人,男人会去做任何他想做的事。请记得男人会分泌使他们有行动力的睾酮素,如果他喜欢一个女人,会主动想办法认识她。女人可以给男人一些表示自己对他有意思的暗示,例如,注视他的双眼,对他微笑,甚至可以赞美他的衣服、手表很好看,这样的主动表示就已经足够了。只要给男人机会更靠近你,让他读懂你的讯息,接下来就由他决定愿不愿意进一步接近你。你可以用你的身体、表情、声音去跟他调情,让他知道你是敞开的、欢迎他来认识你的。一个有胆量的男人看到你对他调情,自然就会跟你讲话,除非他对你没兴趣。

许多主导型女人习惯只用男性能量过生活,已经不懂得散发女性魅力了,她们会忘记自己该如何跟男人调情。建议你们去观察一些小女孩,看她们在喜欢的男生身边表现出什么样的行为与表情,她会有点撒娇,有些腼腆。这些动作每个女人都会做,只是忘记了。你可以跟小女孩学习如何看着男人对他微笑,跟男人调情。

在我的亲密关系工作坊里,曾经听过一些主导型女人说她们的先生是她们主动追来的,可是结婚后,她们都会怀疑先生是否爱她们,很容易没有安全感,只要先生没有关注她,她就会起疑心,会怀疑先生跟她在一起,到底是因为她追来的,还是本来就很喜欢她?她会抱怨先生很被动,没有男子气概。下次当你发现自己正在努力追求一个男人时,请三思:被你追到的男人有可能当你的理想伴侣吗?

通常，在交往的过程中，如果女人比男人更积极地想要进到关系的下一阶段，女人就会觉得很痛苦，因为她很难确定自己的男伴到底有没有跟她一样强烈地想要在一起的欲望。例如，认识几个月以后，你已经考虑一起出国旅游或同居，可是他都还没有这些念头，只停留在偶尔见面吃饭就好。如果发现在关系发展的过程中你比他快一步，好像你是关系中的主导者，那就要问自己：这样的关系模式能让你开心、有安全感吗？你适合跟一个没有这么主动、进展速度没你这么快的男人在一起吗？他这么不主动，是否因为他其实没有那么喜欢你？或者他本来就是一个被动阴柔的男人，这是你可以接受的吗？这些问题或许能够帮助你决定要不要追他。

约会专家艾文·马克·凯兹提供了一个非常好的影像：想象一个女人站在海边沙滩上，爱人正要从远方的船上下船跟她见面，穿得漂漂亮亮的女人如果在沙滩上奔跑，去追这个男人，整个画面看起来会很蠢。艾文建议女人稳稳地站在沙滩上，张开双手，脸上带着笑容，喜悦地迎接男人跑过沙滩来找她。

不要刻意跑给男人追

相反的,女人也不要让男人追太久。有位学生曾问我:"是不是应该跑给男人追,这样男人会比较爱女人?"她曾经跟一个男生在一起三年,这三年都不肯跟对方做爱,因为她害怕做爱之后男人就会对她没兴趣了,所以她不断拖延,让男朋友等了三年。最后当她愿意跟男朋友做爱时,对方因为等太久,对她的热情冷掉了。建议跑着让男人追的女人,如果你喜欢这个男人,不需要跑着让他追。当你对男朋友有足够的爱、信任、安全感时,请冒险将你的心敞开,喜悦地迎接他。如果最后他真的离开了你,相信碎掉的心会使你成长。

另一位女人也是跟一个男生在一起三年却没有跟他做爱,她的理由是无法确定对方是不是真命天子。我告诉她:"如果你花了三年的时间还是不确定,可能他不是对的人,或是你心里有些障碍。请让他走,不要自私地紧抓住他不放,这样只会浪费彼此的时间。而且如果你早点放手,这三年你们说不定早就跟对的人在一起了。"刻意跑给男人追的女人要停下来,面对你的恐惧,开始深入亲密关系或放开那个男人。

第八章

高度敏感的人
容易坠入爱河

因为高度敏感，
很快就爱上他

过去的我自认是个很麻烦的人，每当我走进一家咖啡厅，都会要求老板把音乐关小声一点，在餐厅会要求服务生把冷气关小，当我坐进计程车里，发现味道不对劲，我会下车等下一辆。我需要很多独处的时间，以及完全不受干扰的空间。一直到我发现有关"高度敏感的人"的资讯，我才了解原来我是"高度敏感"，而不是"高度麻烦"。这些信息告诉我，高度敏感的人很容易爱上别人，因为我们的感受力非常强，当我们跟一个人有特别的连结时，就很容易会爱上对方，这就是我！

我在哥斯达黎加教瑜伽的时候，直觉告诉我要去危地马拉，我不知道要去那里做什么，但我还是顺着直觉的引导去了。到达的第一天，民宿的老板告诉我应该去高地上的一处静心中心，因为没有其他计划，于是我决定去看看。教第一堂静心课的赛斯老师是位长相俊美的英国人，他要我们分成两人一组，那天的静心课要我们看进彼此的眼睛，让两人之间的意识通过两眼相对开始流动与对话，互问："你是谁？你来自何方？你要去哪里？"不可以用逻辑与理性来回答这些问题。我是新来的学生，刚好人数是单数，所以老师叫我跟他练习。我们先闭眼静心一阵子，当我眼睛一张开，看进老师的双眼，我第一个念头是："怎么到现在才见到你？"在练习过程中，我感受到一层层盔甲被卸下，我的心变得很敞开，下课时我过去跟老师说谢谢，他说："这个练习我做过至少两百次，可是我从来没有感受过跟你练习时的那种连结。"他也觉得他的心被剥开了。我们聊了半个小时，在这段对话后，我们便决定要好好认识对方。当时都还没牵手、拥抱，就已经决定要一起生活，当哥斯达黎加的工作结束后，我真的搬去危地马拉跟他住在一起。这又开始了一段刺激我成长的爱情故事。回头去想，这个高度敏感的特质真的使我很敢冒险！

有个运用仪器来测量人类大脑对环境刺激的反应的研究，结果指出，在相同条件的刺激之下，有些人的大脑反应比一般人更强烈，这种人就是高度敏感的人。高度敏感是一种遗传的特质，一般来说有15%~20%的人属于高度敏感，他们的五官所感受到的一切都比一般人还要强烈许多，对视觉、声音、嗅觉、味觉、触觉都有着过人的敏锐度。当高度敏感的人感受到吸引力或两人之间的连结时，便很容易坠入情网，因为每个体验都那么激烈，何况男女之间的来电，更会让他们意乱情迷。虽然我跟赛斯有了一段很甜蜜的爱情，因为了解自己是高度敏感的人，加上之后的一些痛苦经验，现在的我不会这么容易就被两人之间电光石火的吸引力所迷惑了。

高度敏感的人的特质

·对于周遭环境的细节有着敏锐的感知,诸如视觉、声音、触觉、味觉或嗅觉。

·当你觉得受不了、有压力、过度被刺激的时候,你会觉得需要离开,或是进入一个光线比较昏暗的房间,让自己独处,寻找舒缓与安慰。

·非常有创造力。

·非常认真、勤劳、谨慎。

·在湖泊、河畔、溪流、海边,甚至喷泉旁,会觉得很舒适。

·你必须让周围环境很整齐、干净,视觉上要看起来简单利落。混沌、凌乱与压力会让你受不了,甚至让你无法动弹。

·有深层、丰富的内在生活,非常具有灵性,或有着鲜明的想象力。

·你的直觉力相当强,通常能够感受到某个人没有讲实话,或是有什么东西不对劲。

·小时候的你安静、内向、羞怯、易受到惊吓。

·你在意或担心许多事情,有人曾经告诉你:"你太钻牛角尖了。"

·曾经有跟人"绝交"的经验。

·容易受到惊吓。

·在新环境中很小心谨慎。

·可能不容易入睡。

·对痛觉特别敏感。

·不喜欢人多的地方(除非是跟同类型的人在一起)。

·不喜欢看有暴力内容的电影与电视节目。

·懂得尊重与欣赏大自然、音乐与艺术。

·容易很快坠入爱河。

因为高度敏感的人在情感上相当开放且脆弱,当你感到跟一个男人有连结时，这种感觉来得又快又强烈，使你还没真正认识他之前，就会陷入亲密关系。

1938年诺贝尔文学奖得主赛珍珠曾经如此描述高度敏感的人："触碰对他们来说是拳击，声音对他们来说是噪音，不幸对他们来说是悲剧，喜乐对他们来说是至福，朋友对他们来说是情人，情人对他们来说是神，而失败对他们来说是死亡。"

两性关系专家卡萝·艾伦建议高度敏感的人在关系上必须慢慢来，先花时间认识另一半，再跟他进一步发展，恋爱所产生的荷尔蒙会使你一不小心就太早爱上对方。为了保护你敏感脆弱的心，最好比一般人多花一些时间去认识对方，再跟他进一步交往。

应该何时跟他上床?

如果发现自己有太早跟男人发生关系的倾向,可以参考恋爱专家艾文·马克·凯兹提供的准则来决定自己何时适合与对方发生性关系:

1. 他是想要上床,还是想要跟你上床?如果你觉得他只是想要上床,而不在意上床的对象是谁,请不要跟他上床。

2. 如果跟他上床后,他再也不跟你联络,你可以接受吗?你能够确定他跟你上床后,还想继续交往吗?如果上床后他只想当普通朋友,你可以接受吗?请对自己诚实。

虽然你很喜欢他,但你要的是一份一对一的关系,因此如果不确定他现在是否有其他对象,或是否同时追求别的女人,或有其他你还不想跟他发生性关系的原因,请先用一个不会伤害他的方式拒绝他。你可以用诚实简单的方式告诉他,你还没有准备好要跟他上床,这样便能尊重自己,且不会让他觉得被拒绝。

如果他想跟你上床,而你还没准备好,艾文·马克·凯兹建议你可以说:"我也很喜欢你,可是我只跟男朋友上床,我并不想给你压力要你成为我的男朋友。我很喜欢我们现在的互动,等到更熟悉彼此之后,如果真的决定在一起当男女朋友再有性关系也不迟。现在这段时间我们可以享受认识彼此的过程,去做其他的事情。"

3. 如果你真的很喜欢他,希望跟他建立关系,你可以先确定他是否适合你。根据帕特·艾伦博士的说法,双方最好在发生关系前对彼此承诺,先确定双方在关系的寿命、关系的承诺与关系的持续性方面有共识。

对关系的寿命有共识

确定双方对关系寿命的想法是否一致。两个人要的是一夜情、短暂或长久的关系?我搬去危地马拉跟前英国男友赛斯住在一起时,没有考虑到我们关系的寿命,那时候的我还很年轻,所以不在乎。跟他住在危地马拉六个月后,我们虽然很相爱,但因为人生方向不同,最后还是分手了。赛斯的天下就是在危地马拉,他已经亲手盖了房子、瑜伽教室,也有稳定的学生群,他住在那里九年了,而且觉得他的使命就是一辈子在那里工作、生活。而我很清楚全世界都是我的家,我会游走各地,特别会在亚洲很长的时间,我不可能一直住在危地马拉。

我很感恩这段关系,因为这是我第一次学习让爱自由,让自己张开双手去爱一个人。我跟赛斯都舍不得离开彼此,但因为我们希望对方快乐,最后还是支持彼此走自己的人生方向。我永远忘不掉最后那几个月,两个人都知道我会离开,所以非常珍惜在一起的每一刻,又心酸又被爱感动的感觉。我时常流泪,可是心在哭的过程中是打开的,我知道自己要长大了。

那时候的我没有考虑是否要一个长久的关系,所以没先跟赛斯讨论个人的使命与人生方向。可是你如果要的是长久的关系,建议你有性爱前最好先跟对方沟通两人对关系寿命的想法是否相同。

对关系的承诺有共识

大部分女人希望男人能承诺一对一的关系，才能建立彼此的信任与安全感。我有一个学生，她的先生在婚前就承认他有嫖妓的习惯，结婚后不一定能够把这习惯改掉。但她很喜欢这个男人，便说服自己接受，因为先生说他跟其他女人在一起只是身体欲望的释放而没有感情。可是结婚生小孩后，每当她知道先生在外面嫖妓，就非常难受，造成她内在产生了巨大的冲突，她一直告诉自己不可以生气，因为先生早就承认有这个习惯，是她自己愿意接受的。无论她如何用头脑自我催眠，每当她发现先生又在外面找女人，她就满心愤怒，对先生逐渐失去信任感。

很少有女人能真正接受一对多的关系，所以请你尊重你的需求，有性爱前最好先跟对方沟通确定双方对关系承诺的想法是否一致。两个人要的是一对一还是一对多的关系？不要为了想要拥有对方，而假装没听到你内心的警告，或逼自己答应将来会后悔的事。

对关系的持续性有共识

交往时两个人是要持续频繁地见面,还是可以接受很久才见一次面?对方会时常出差,甚至计划搬到国外居住吗?有可能是远距离恋爱吗?这都需要纳入考量。经营关系本来就不容易,远距离的关系会更困难,如果不想经历分隔两地造成的问题,请尽早让对方知道你只想要一个能够频繁见面的伴侣。如果对方没办法频繁地跟你相处,请不要跟他有进一步的发展,避免爱上一个不适合你的人。

另一个学生告诉我,她通过网络认识一个住在国外的男人,虽然只见过两次面,但他们已经陷入热恋。她抱怨自己浪费了好多时间去等这个男人的电话,整天对着电脑看有没有他的电子邮件,有时候约定上Skype他却没出现,这使她很紧张,时常怀疑这个男的有没有其他女朋友。她在这份关系里既慌张又没安全感,不断处于想见对方,却见不到的痛苦里。她已经跟这个男人发生了性关系,虽然跟他在一起的时间很短暂,但那甜蜜的时光一直在她脑海中盘旋,使她放不下这个男人。对方也不断告诉她非常想念她,抓着她不放,即使他时常无法如约在上网的时间里出现。

专门研究荷尔蒙的两性专家指出,荷尔蒙会造成男女之间连结方式的不同。女人通过实际跟男人相处而产生对男人的爱。做爱会使女人体内产生大量催产素。催产素不只会让女人感觉自己跟男人有强大的连接,也会为女人排解压力,使她感到放松、开心,想要多跟她的男伴在一起。相反的,催产素会使男人增加压力。当催产素浓度升高,睾酮素会降低,使他追求女人的动力降低。男人有足够的睾酮素浓度,才会对女人产生足够大的兴趣,所以当女人不在男人身边一阵子后,男人反而会更想跟她在一起,那种想念女人、想追求她的感觉会使男人更执着于这段感情。在远距离的关系里,荷尔蒙会加强男女之间那种不好受的拉扯。

当然,一定也有成功的远距离恋爱,但如果你想要双方能频繁地见面,有性爱前最好先跟对方沟通清楚,确认彼此是否能就此达成共识。

大部分人进入关系只是跟着感觉走,不清楚什么样的关系才能真的支持彼此活出爱、实现潜能。因为不清楚,所以也没有先跟对方沟通彼此要的是什么样的爱情,就进入了关系。很多人是先发生了关系、爱上了对方才发现对方不适合他，最后必须经历分离或放不下的痛苦。当然，也有例外。有些情侣随着时间的推移自然就建立了健康的亲密关系，可如果你已经体验过爱上不适合的人的痛苦，下次跟对方发生性关系之前先跟他讨论上述三点原则，再衡量你们是否适合在一起，当双方都对关系的寿命、承诺、持续性有共识时，才跟彼此有进一步的亲密关系。

像"排毒"一样把男人排掉

在发生性关系之前,如果对方已经承诺会当你的男朋友,之后你却发现他跟自己想象的不一样,例如,他已婚、酗酒、赌博、会打你、欺骗你或对你做出没有诚信的事,如果你想跟他分手,就要有心理准备,因为你已经跟他发生过性关系,荷尔蒙也已受到了影响,使你对他"上瘾",离开他会让你感到戒毒般的痛苦,要经历类似戒毒的过程把他"排掉",你才能放下他。

研究显示,迷恋的感觉会影响大脑的化学反应,大脑的神经元网络需要三天的时间才能对一个人产生迷恋的感觉;跟对方相处30天的时间、拥抱、一起吃饭,神经元就会形成弱回路;跟对方约会60天,神经元就会形成坚固的回路。要解除脑部神经元回路需要时间,并有纪律地与对方保持距离。

对关系存有希望时的排毒法

如果你对这段关系存有希望,例如,他已经要跟老婆签字离婚,或他已经递辞呈、准备找一份比较有私人时间的工作,才能多跟你相处。在他原本的状况还没解除前,你还是无法完全信任他会改变,可以回复他的电子邮件与手机短信,但不要让自己有机会出现在他身边。

你在他身旁时,会"闻到"他的DNA,刺激到你的雅克布逊器官(Jacobson's organ)——这个位于口腔内的器官可以感应到他的费洛蒙,会触动大脑新皮质与脑垂体分泌多巴胺,让你感到愉悦,持续被他吸引。你可以跟他保持间接性的联络,但别出现在他面前让他影响你脑内的化学反应,避免继续对他上瘾而无法离开他。

根据帕特·艾伦博士的说法,将一个男人"排毒掉"的历程最少需要八周的时间,但这并不代表你八周后再见到他时,不会一不小心再次爱上他。

对关系绝望时的排毒法

如果你知道他不适合你，无论如何都不会跟他在一起，就要下定决心断掉所有联络。告诉他："你可以做你自己，可是我们俩并不适合在一起，所以我不会再跟你联络，也请你不要跟我联络。"不要打电话，也不写电邮或发短信给他，坚持你的界限。

如果你再次跟他见面，你会很兴奋，就像是吸食第一剂古柯碱。当你已持续一段时间跟他保持距离之后，你的多巴胺受体数量有限，但当你再度看到他时，就像再吸一次古柯碱，你的多巴胺受体会增长许多倍，使你需要更多古柯碱，需要多次与他见面才能感到满足。多巴胺受体会随着你见面次数的增加而倍增，使你很快又对他上瘾。所以如果你真的想要放下他，最好连见一次面这样的险都不要冒。

女人要在发生性关系前就对男人有足够的认识，才能降低需要经历戒毒期的可能性。如果发现他不适合你，而你想要离开他，你有多少勇气把他像排毒一样"排掉"，就取决于你有多爱自己。

隐士女要相信
自己可以同时拥有自由与关系

虽然高度敏感的人有太早陷入爱情的倾向,所以要学习保守一点,慢慢地认识对方,可是不要把这个提醒变成使你退缩、害怕进入关系的原因。高度敏感的单身女性容易变成待在家中的隐士,因为她受不了外界过多的刺激,也很容易因失败的关系与约会而感到失望,让她退缩回自己的世界,躲到安全舒适的私人空间。隐士女也真的很喜欢单独的时刻,她鲜少出门去认识新朋友,即使她说渴望一份关系,但她真的觉得独处很自在,没有太多动力出门认识男人,因此也就很难找到伴侣。

如果你是隐士女,或许过去你曾受到过很深的伤害,才会让你想要躲在家里。感情结束时在家独处是健康的,因为你需要经历疗伤的过程,但如果太习惯待在家中,时间久了,你也会卡在当隐士的模式里走不出来,使你找不到伴侣,有时好几年或好几十年就这样过去了,虽然你心里渴望有伴侣,却仍旧单身。你因为不想失去平静、不想浪费时间,或是害怕再次受伤害,而不敢冒险走出去。你忙着工作,而且不想牺牲与家人朋友相处的宝贵时间,也不想放弃周末要去上的工作坊或是你喜爱做的事情。你害怕失去你的自由与满足感。独自一个人给你许多好处——舒适、没有人控制你、可以去任何你想去的地方、拥有自己的目标、不需要向任何事情妥协等。如果你想要一份关系,就要清楚什么样的关系值得你进入。例如,有人可以跟你分享内在的喜悦,还会支持你去做你想做的事情,并尊重你有时需要独处的时间与空间。

如果你是隐士女而想要找伴侣,你就需要离开家里,出去认识别人。去约会、告诉身边的人你想要找适合你的男人。你也可以结交更多女性朋友,参加你感兴趣的团体活动。借着拓展交友圈,你会有机会认识不同的男人。

把你的意图放在认识一个值得让你放弃单身隐士生活的男人,一个会为你的生活加分,并跟你一起成长、分享爱与平静的男人身上。例如,我有个学生想找一个不会占据她太多时间的男人,她只能想象自己跟一个开心地忙于过自己的生活、做自己喜欢的事,并喜爱独处的男人在一起。有空时,两人可以一起去爬山、吃饭,可是不要时常黏在一起。一直以来,她都是个快乐的单身隐士女,害怕跟男人纠缠,害怕失去她的自由。她以前总是认为爱情关系会拖累她。当她疗愈了过去的伤口,放下了恐惧,开始拥有一个更宽广的观点来看待生命的可能性时,相信她也可以同时拥有一个自由与充满爱的关系。不久后,她真的实现了这个梦想。

第九章

看待分手、离婚的新观点

勇敢说再见

我跟布鲁斯在一起经历了地狱般的三个月,每当我提出分手时,他就会崩溃,哭着求我不要离开,这个状况重复好几次后,我知道自己无法跟他继续这段充满毒素的关系。最后决定离开他时,我却发现自己怀孕了,这让我进退维谷,陷入恐慌,不想跟布鲁斯结婚养小孩,也不想堕胎,更不想当单亲妈妈。这是我人生中最痛苦的回忆之一,内心挣扎不已,害怕、无奈、无助、悲伤、担忧,完全手足无措。

当时我没有医疗保险,在那个地方,没有医疗保险的人是没有办法看医生的,就算是自费,也需要等上三个星期才能够在公立诊所就医,我希望可以尽快找医生做个彻底的检查。这时布鲁斯建议我跟他结婚,因为他有很好的医疗保险,跟他结婚后,我就能以配偶的身份立刻获得医疗保险和看医生的资格。询问家人的意见之后,我决定跟布鲁斯继续下去,把我们之间的问题当作刺激自己成长的功课。

在结婚前那一晚,我们又吵了一架。当初答应跟他结婚时,我就跟他协议要回到我母亲住的地方生小孩,因为在布鲁斯这里,除了他以外我一个人都不认识。我需要身边有爱我、能照顾我的家人和朋友,才能安心地把小孩生下来。当时布鲁斯答应了,但他却在结婚前一晚突然改变了主意,并威胁说如果我坚持要回母亲身边生产,就要我把小孩拿掉,他不想要结婚生子了。我跟他母亲听了都好心痛,但他母亲也拿他没办法。

我已经不记得自己是如何跟他熬过那晚,第二天早上还去法院办公证结婚的了。结婚那天,我看到他又无理取闹,与他家人吵架,这再次使我怀疑自己如何能够与这样的人共度一生?

办完结婚手续后,在回家的路上,我看着他坐在我身旁睡觉,他牵着我的手,我轻轻地把他的手放开,我清楚地知道他只是对我有一份执着,根本不是爱我,而我内在对他充满震惊和恶心的感觉,当我的心变得比较柔软时,最多只是同情他,或觉得他好可怜,可这也不是爱。我一直看着他熟睡的样子,他越来越像是个正在跟我走向不同方向的陌生人,可他竟然是我的丈夫!

结婚后的第一天,我立刻去医院做检查,医生确定我怀孕了。我一点都不开心,反而觉得无比绝望。结了婚、怀了小孩应该是让我很高兴的事,可是因为对象不合适,让我觉得接下来的日子就如同要进入监狱、一辈子受苦一样。

还好从医院回来那天下午,我跟一位心灵导师做了个案咨询,这个咨询的机会是我最好的朋友送给我的结婚礼物。让我非常感恩的是,我终于能够得到一些引导。

这位心灵导师引导我体会进入身心的感受,问我想到布鲁斯时的第一个感觉是什么,当时我立刻回答:"我想到他就想吐。"我告诉她,每天布鲁斯出门上班时,我都觉得还好,但只要下班时间接近,他快要回家时,我都会感到恶心想吐,所以我常制造各种理由跑到公园去,就是为了可以不要再见到他。

跟心灵导师做了咨询、看到布鲁斯跟他家人吵架后,我知道自己无法跟他一起生养小孩,最终还是选择离开他。虽然我很害怕告诉他，但还是决定面对。因为我不知道他听到我提离婚会有什么样的反应，我选择在他下班回家后，在大楼一层的客厅跟他说我要终止我们的关系。我告诉他："很抱歉，我没有办法当你的妻子，没办法跟你一起生这个小孩，我必须离开你，这是我这辈子做出的最困难的决定，但我还是决定要堕胎。"这个决定真是一大考验，挑战我是否有勇气聆听我的心，做出对得起自己的选择？是否有勇气承认自己曾经因为对关系的执着和期待而做出的傻事？我能面对别人的眼光、承担别人对我的批评吗？

"离婚"这两个字会给人强烈的情绪反应，充满了"失败"的负面意义，因此许多夫妻为了不健康的理由而继续留在婚姻关系中。珍惜你的伴侣，感谢他的出现给你带来的礼物，当然都很重要。每当关系出现问题时，你最好不要用分手或离婚来威胁对方，尤其不要在激烈争吵时提分手。这就像是橡皮筋，如果一再将你们的关系拉扯到接近分裂的程度，这段关系就会受到损害，最后无法再反弹回来，那就真的会导致断裂。所以除非你认真考虑要离婚，而且已经冷静清晰地想清楚了，否则最好不要轻易提离婚。很多时候，离婚也不是解决婚姻问题的答案。因为离婚不等于放下，虽然你们没有在一起，可是两人之间的问题依然存在，早晚，生命还是会带你去面对你通过离婚而逃避掉的问题。

另一方面，当离婚是你最适当的选择时，请拿出分手的勇气。

我跟布鲁斯分手后，刚开始我也觉得好丢脸，没办法让任何人知道这件事。是什么样的女人会在结婚的第二天要求离婚？我心中想着，如果别人知道了这件事，会觉得我是疯子，这样还有谁会愿意跟我学习呢？

许多人没有我这样的勇气去离开自己那段充满毒素的关系，他们往往要经历十几年在一起的痛苦才愿意分手。我并不是说所有在关系中有问题的人都要离婚，每种情况都不同，离婚是一个很私人的决定，但我知道我跟布鲁斯的关系，其中需要面临的课题之一是——我有没有勇气离开他。在那段时间，我不断考虑是否该想办法留下来解决我们的问题，好让这些考验刺激我变得更成熟、在灵性上成长更多。如果我跟他生下那个小孩，我会一辈子把自己关在监狱里，因为布鲁斯对自我检讨、心灵成长没兴趣，他不愿意面对问题、沟通，我没办法跟这样的人一起生活，我不会是个快乐的母亲，不会期待孩子的出生，也不想当这男人的妻子。即使离婚让我感到既羞耻又丢脸，最后我还是面对恐惧鼓起勇气做出了离开的决定。心灵成长的考验不在于，我能否待在一个糟糕的关系里学习成长，而是我有没有勇气认错、离开他，不管别人会怎么看待我。

我分享这个故事，是想要让女人知道，你永远都有选择的权力。就算你的决定跟社会上一般的价值观不同，你还是必须听从自己的心，只有你知道自己的真实感受。如果你已尽力去面对、沟通、试着解决问题，最后还是想离婚，就不要让父母的影响、社会的制约替你决定什么才是对的选择。结婚和离婚都是私人的决定，只有你最了解自己，请让自己的真实内心引导自己做出最佳的选择。

不离婚的借口

"我害怕别人的眼光"

许多人因为太在意别人的眼光,而宁愿留在痛苦的关系里。许多人宁愿留在一个会榨干他们的能量,使他们没安全感,感到愤怒、无助的关系之中,也没有勇气去创造另一种可能。许多人不希望背负离婚的十字架,凭借着社会的价值观来判断是非,认定婚姻就是应该牺牲、吃苦、忍受,因此而创造不开心的关系。当你已经尽了全力去沟通与解决问题,但是对方不愿意面对、不坦诚,你无法信任对方,无法再敞开心胸去爱他或是接受他的爱,你只是人在他身边,心却不在,这样的关系只会一直腐烂下去。许多夫妻宁愿维持和平相处的假象,默默地承受逐渐凋零的婚姻,这是爱吗?他们能过着幸福美满的生活吗?

我曾对自己跟布鲁斯的那段关系感到极为羞耻,因为我也很担心别人怎么看我。刚开始我只告诉几位亲近的朋友,一直叮咛他们要帮我保密,害怕这件事会破坏我的名声。可我并不想带着恐惧过生活,而且我知道如果我没有全然接受自己,就无法成为一个完整的人,于是我决定在这本书里写下我历时一天的婚姻与堕胎的选择,作为案例来告诉大家:"只要你能原谅与接受自己,就不需要对任何你做过的事情感到羞耻。"只要你是人,就一定会创造痛苦的负面经验。从灵性的观点来看,这些都是为了你的成长,没有"好"与"坏",只有成长的机会。所以,当你跌倒了,把自己扶起来,承认你跌倒,也允许别人有他的看法。记住你学到的,然后带着勇气和新的洞见继续往前走,这就是建立内在力量的方法。

"他以前对我很好"

有些女人选择继续跟对自己不好的先生在一起,是因为记得先生过去对自己很好。她们会说:"他拯救了我""他以前对我很好""我觉得亏欠他"。有时是因为先生有外遇,有时是其他原因,当这些女人已经对先生失去了信任,她们就会说服自己"睁一只眼,闭一只眼",要学习"包容",继续跟先生过"正常"的平凡生活。但她们会在做瑜伽或跳舞的时候,突然想起那个没诚信的先生而泪流不止,内在承载了许多愤怒与怨恨。我告诉这些女人:"这才是你真正的感觉,如果你不相信他,你的心对他是关闭的,你说服自己要包容他,可是一个已经封闭的心怎么做得到?"

我问:"你相信人是会改变的吗?即使他还是同一张脸、同一个名字,现在的他早已不是过去的那个人,特别是他对待你的方式已经不同了,不是吗?"

女人回答:"是的,我相信。"

我问:"你是否觉得自己也改变了?你过去的需要跟现在的需要也不一样了?"

女人回答:"是的。"

我问:"你相信有时候看起来是天造地设的一对,最后他们却不再适合对方吗?"

女人回答:"我相信。"

我问:"你愿意花一辈子的时间还债,就因为他过去对你很好？你愿意牺牲自己的人生，继续待在一个感觉糟透了的关系里，只因为你觉得自己亏欠他？"

女人以略带震惊与恐惧的眼神看着我，说："让我回家想想看。"

"我同情他"

许多女人过度担忧如果离开先生，对方会因受不了而崩溃，掉进忧郁的漩涡。这是同情不是爱，这不是你先生要的，他不会喜欢听到你跟他在一起的原因是因为同情他。其实你低估了先生，也太小看男人了。当你说要分手，刚开始他会很生气，但总有一天他的气会消、这件事情会过去。你要相信他能够接受这个打击。

你之所以会在乎对方的反应，是因为害怕看见对方的负面情绪出现时，你不知该如何面对自己的恐惧，也不愿意经历那么不舒服的感觉。你说"我不想让他受伤"，其实是因为你无法面对自己的感觉。所以，你要勇敢面对自己看到他的反应，勇敢面对你自己的害怕，要去陪伴与接受自己的害怕或浮现出来的其他负面情绪。

你没办法拯救对方，他的好坏也不是你的责任，你可以做的是一个有诚信的自己，真实地与自己沟通。你的真实如果会使他痛，那就允许他痛，相信这样的考验会使他成长。你可以替他祈祷，把他交给他的高我，祝福他早日找到内在的智慧与爱。

如果要减低对方分手的痛苦，请为自己可以在关系里负责的部分负责，向他承认你的缺点与弱点如何造成了两人之间的问题、为你能负责的部分道歉，感恩他对你的好，感恩这段关系让你学习到的，祝福他，放他自由。

"我应该包容他"

不信任

希薇儿结婚十多年，有一天她发现先生写了一封文情并茂的情书给另一个女人，并寄音乐给她听，对方还在电子邮件中不断地问他："我们是什么关系？"希薇儿还发现先生欺骗她说自己有事要出门，但其实是跟这个女人去看展览。希薇儿知道自己的先生并不是个浪漫的人，会做出这些举动一定是很喜欢这个女人，她终于决定质问先生，但先生完全否认这些事。希薇儿不清楚先生有没有跟这个女人上床，她想要的只是先生承认自己精神出轨、喜欢上别人，只要先生愿意承认，她们的关系仍然可以继续下去。但先生一直都不承认，使希薇儿很生气也很伤心。

希薇儿承认自己早就失去了对先生的信任，可是又不想分手，她觉得自己对先生的疑心来自小时候自己与父母的关系，把跟先生之间的问题看作是自己的问题，她愿意花很多时间与精力去疗愈自己，觉得应该学习爱自己与先生。我说："这些都很好，可是无论你如何疗愈自己，如果你不信任他，你的心对他就不是敞开的，你就没有办法爱他，也没有办法接受他给你的爱。"

希薇儿卡在一个很痛苦的状况中，她不信任先生，但也不愿意分手，她一直追问先生，希望他坦诚，有时候会吵到先生无法去上班，生活大乱。

我说："你一直转移重点，去上瑜伽课、做自我疗愈，想把自己的能量调整得很好，可你却继续在这段充满毒素的关系里，你通过上课把自己带回到平静的状态，可是一回家看到先生,你又开始不舒服。这像是不断排毒,却又一直吸毒。无论你上了多少自我疗愈的课程,你一而再地被一个不快乐的婚姻污染。你先生还是不愿意承认他真实的情况,你还是不信任他,可是又一直逼自己要包容他。你的心对你先生是封闭的,怎么能够包容?"

有些女人被先生欺骗后,先生并没有道歉,但她们还是继续跟先生在一起,假装没事,觉得应该包容对方,她们认为这叫作"爱",但心里对先生是愤怒、不信任的。如果先生做出对不起你的事都不承认,而你也接受他的欺骗,如此一来,他就不需要成长,可以永远当个没有诚信、会说谎、不成熟的男人,并继续欺骗你。

最近有两位女学员来找我咨询,都是因为老公一再背叛。她们表面的情绪是无助,我引导她们连接到这种无助情绪下面的愤怒。当她们把愤怒释放掉了,就发现更底下的情绪是恐惧,她们害怕做自己,不敢把真相说出来、害怕老公看到她们的愤怒后会离开。可是一直假装没事却使她们的婚姻不断腐烂,也发现老公会持续有外遇。好的转变是,这两位女人感觉到无助情绪下面的愤怒后就开始有力量了,她们愿意替自己的婚姻与生命负责,面对自己的恐惧,开始跟老公真诚沟通,无论这两位女人接下来会跟老公和好还是离婚,至少现在她们都对未来抱有希望。

女人一定要真实地表达自己,让他知道他做了什么会让你有什么感觉,这是女人给男人的礼物。给对方真实的回馈,男人才会有机会成长,当一个有诚信的男人。如果你的男伴不愿意跟你一起面对问题、不愿意成长,你对他是封闭的,就不要欺骗自己能够包容他,一直把这当作没勇气离开他的借口。外在是你内在的镜子,你怎么对待自己,对方就会怎么对待你。你欺骗自己,你的伴侣也会欺骗你。

在亚洲有时候会听到"上辈子欠他的"或是"夫妻就是冤家路窄",这种说法也是一种逃避。因为每个人都有选择,是你选择把自己关在窒息的关系里,因为你害怕分离。其实你可以选择离开,或选择厘清。你当然可以包容,但是需要对方先承认他的真实情况。先生跟你认错道歉后,你比较有可能原谅他,真正包容他。像是希薇儿的先生不愿意承认,大概是因为他觉得自己如果承认了就是个出轨的男人,他没有办法接受自己是这样的人。要包容一个人之前，要先问他是能包容他自己，还是一味假装没问题。如果他能包容自己，他会愿意承认、原谅自己，使你比较容易原谅他。然后，两人才能开始面对与讨论关系里原本就有的问题。例如，先生承认他会喜欢上别人，因为太太时常不在家，所以他没有在婚姻里得到温柔与体贴的爱，此时太太跟先生道歉，也说出希望先生能够支持自己追求兴趣，并且太太也愿意多跟先生相处培养亲密感，这样才是真正的包容。

女人，请不要关闭你的感觉与直觉，随时表达真实的自己，你给男人真实的回应，会刺激两人在婚姻里成长，支持彼此活出真实自我。

"我害怕一个人"

在我所看到的案例里，想离婚但又不敢离婚的女人，最害怕的就是回到一个人的生活。女人害怕孤单、寂寞，害怕没有能力照顾自己、照顾小孩。回到一个人生活的女人要重新面对婚前就拥有的问题——学习爱自己的内在小孩，陪伴自己的寂寞与任何可能出现的负面情绪。女人要开始探索自己是谁，自己的热情、人生目的是什么，要学习独立起来，成为自己最佳的爱人。这需要很大的勇气，像是死掉又重生一样。短期内会很难过，但不会像因"害怕一个人"而卡在痛苦的婚姻里那么备受折磨。当女人能勇敢面对早晚都要迎接的人生挑战，就会找到自己内在的力量，成为一位能够替自己的生命负责的人。这样，女人一直在追求的安全感和幸福快乐就能靠自己实现。

"我们有小孩，不能离婚"

有些人很想离婚，却为了孩子而留在婚姻关系中。我想要告诉这些人："孩子就是你的潜意识，你心里对婚姻的真实感觉会深深影响孩子。"美国做过一个研究，把检测脑波的仪器放在母亲与孩子身上，研究发现，当母亲做噩梦的时候，孩子就会开始哭闹。母亲这时会起床安抚，通过这个动作，母亲自己的情绪也获得平静。表面上是孩子在哭闹，但其实是母亲心里有心事，孩子感受到母亲内心的不安定才会哭闹。

凯西已经跟先生离婚，为了要保护女儿的情绪，她决定不告诉女儿自己已经离婚的事实。但是正值青春年少的女儿非常敏感，开始做出一些偏心的行为。当凯西不在女儿身边的时候，女儿会跟爸爸非常亲近，很高兴跟他在一起；但只要凯西一出现，女儿就会对爸爸冷淡，不听爸爸的话，也不接他的电话。其实女儿是很聪明的，早就知道妈妈已经不爱爸爸了，但为了不让妈妈受伤，不会在她面前对爸爸好，会在双方之间偏心地选一边站。因为妈妈说谎，女儿为了保护妈妈的谎言，在她面前装作对爸爸不好，而在私底下偷偷跟爸爸连结，女儿需要跟妈妈一样假装，对孩子来说难道不是不健康的影响吗？

如果你想离婚，但又怕伤害孩子，最好对孩子坦白，让他们知道你的真实情况。虽然孩子年纪还小，但他们可以理解，他们或许比你还要有智慧。可以跟孩子说："爸妈要离婚，原因不是因为你，是爸爸妈妈之间的问题，这不是你的错。爸妈都非常爱你，而且会一直爱你。你很棒，我们都以你为荣。放心，虽然我们要离婚，但你还是会得到我们的爱。"把孩子拉进两人之间的战争对孩子是不公平的，因为孩子爱爸爸，也爱妈妈。坦白地跟孩子说真相，他就会清楚状况，不用在爸妈之间当传话筒，或假装偏心。

每个孩子都渴望看到父母活得快乐、健康。如果父母能够开心和谐地在一起生活，这对孩子的成长是最佳的状况。但如果跟对方在一起会让你觉得被束缚，你知道分开会使你开心自在、发挥更多潜能，对小孩来说，选择分开会比逼自己留在一个难受的关系里好。如果双方为了孩子而在一起，心里却充满了愤怒、怨怼、不信任与仇恨，这些毒素都会传给孩子。凯西的例子也让我们看到，无论你如何压抑、假装一切没事，孩子还是会感受到。你心里真实的状态会比你实际是否有伴侣住在一起这件事更有影响力。请想一下，从小到大你是不是都希望看到父母健康快乐？父母若不健康、不快乐会让孩子感觉自己的生命受到了威胁，造成孩子没有安全感。因为孩子要依赖父母的爱与照顾才能生存，所以父母的身心健康是最重要的。

害怕因离婚而给孩子造成困扰的人，请考虑什么决定才会照顾到自己的心，使自己身心健康，才能给孩子正面的影响。如果在婚姻里你可以做的努力都做了，该面对、沟通、学习的也都做了，但还是想离婚，那就放自己自由，不要把小孩当借口。如果你觉得孩子是你留在痛苦婚姻里的原因，孩子就会有罪恶感，他或许表面看起来没事，可是心里会感到无奈、内疚和沮丧。你的爱带着痛苦的牺牲，会使孩子快乐不起来，反而会在他的心里留下伤痛的痕迹，并且使他对婚姻产生负面的信念。

离婚不是标准、正确的答案，因为每对夫妻的状况都不同，例如，我有一个学生跟她前夫离婚后还是住在一起，没有性爱，但睡在同一张床上，小孩睡在中间。离婚后，他们变成很好的朋友，双方都各有男女朋友，但是在离婚之前他们争吵不断，办了离婚手续之后，关系反而就变得和谐了。他们能够同居，一起把小孩带大，同时拥有自己的私人生活。虽然这不是个普遍的例子，但它提醒我们：夫妻关系有不同的可能性。

著名的儿童心理学家唐诺·温尼科特建议："不要当一个完美的母亲，只要当一个够好的母亲。"如果把孩子照顾得太好，离开母亲的孩子若在外面受到大的打击，反而会不知道怎么保护自己，不知道怎么生存。做一个"够好的母亲"就好了，父母本来就会有缺点，这些缺点将会刺激孩子成长，并为健康的生命提供挑战，让孩子有逐渐独立成熟的机会。不需要认为离婚就代表你不是一个好母亲或好父亲。

我并非建议离婚是解决婚姻问题的方法，我只是提供一个新的观点来看待离婚这件事，我们才不会卡在传统社会对离婚的批评，以及无意识地允许恐惧阻碍生命的光线，造成我们用各种借口不放下，无法脱离痛苦、勇敢地往前走。希望每个人都能凭借自我内心的真实，做出自己人生中最有智慧的选择。

害怕分离，
你的意识和爱就会缩小

害怕失去男伴的女人，她的心只有一部分是敞开的，因而显得狭小，只能爱一个人。她忘记自己就是爱，忘记心能够敞开，无论有没有男人，都能让爱自由地流动。如果她的爱只朝向伴侣，男人会觉得她很匮乏、要求过多、很难满足，跟她在一起会觉得黏黏的、有压力。如果女人因害怕男人离开而不敢做自己，男人会觉得她失去了女性的生命力与吸引力，这会使男人对她没兴趣，甚至不再尊重她。

害怕失去女伴的男人则是个视野狭小的男人，他失去了高意识，以及对人生宽阔的全景视野。他忘记宇宙是浩瀚无边的，忘记女人只是画面中的一小部分。如果他的爱只朝向伴侣，女人会觉得被控制、要小心不能惹他生气，跟他在一起无法自由自在地当自己、表达真实的感觉。如果男人害怕女人离开,而开始当"烂"好人或超级掌控者,忘记在女人出现之前自己本来就能过得好好的,在女人离开之后也能过得好好的,女人会开始不喜欢这样的男人。女人会觉得他不稳重,对他失去尊重,讨厌他、无法信任他。

没有人能够把你的爱带走,分离会让人痛苦是因为执着、害怕失去爱。可是,真正的爱永远都不会消失,无论你们有没有在一起,或跟谁在一起。两个人如果无法一起成长,支持彼此做自己,那么分开不等于你们不爱彼此。有时候,尊重彼此让对方走才是真正的爱。让爱自由吧!

第十章

修完自己的课题
才能放彼此自由

原谅自己,
自然就会原谅他

刚开始告诉布鲁斯我要离开时,他很生气。我知道这是不可避免的,所以我就照顾自己心里的害怕,让他气。他气消了之后,我们双方都陷入悲伤的深渊,他告诉我不要太早做决定,希望我回到我母亲那里之后,再考虑把孩子生下来。当我回到母亲家,比较能够跟布鲁斯讨论所有的可能性,可是布鲁斯听我说我要住在母亲这边,他又叫我把孩子拿掉,之后又答应让我生下来。如此反复不定,来来回回好几次,让我非常痛苦。最后我知道不管自己再怎么不愿意,我都必须把孩子拿掉。在前往医院的路上,我还接到布鲁斯的短信:"求求你,不要杀掉小孩。"

整个决定要不要堕胎的过程使我的情绪压力非常大。医生说手术结束之后我应该就可以回家了,可是我在医院躺了半天,没有力气起身,最后护士把我放到轮椅上,叫我母亲把我推去换上原本的衣服。在更衣室里,我一站起来眼前就一片黑,立刻就昏倒了。不知过了多久,我醒来时发现自己还是躺在医院的病床上,情绪一波波上来,我无法停止哭泣,一直吐却吐不出东西。最后护士给我吃了一些饼干,我母亲才把我带回家。

在那段时间,我的子宫不断流血,医生说流血的状况几天之内就会停止,但我却一连流了好几个星期。医生说我的子宫发炎,却检查不出异常。因为我知道女人的心与子宫是连结的,我知道子宫流血是因为我的心碎了。我对自己深感羞耻与失望,对自己与布鲁斯感到愤怒不已。我知道必须开始做自我疗愈,知道我必须原谅自己,还有布鲁斯。我开始用书写来进行自我疗愈,我写下所有令我对布鲁斯还有我自己感到愤怒的事情,让自己释放负面情绪。然后写下我的缺点与弱点如何造成了这个痛苦的经验,为自己犯下的错误负责。开始接受我内在的小女孩渴望找到爱,因此才会跟不够熟悉的人进入关系。我慈悲地对待内在小孩,告诉她我永远都会照顾她。我开始把布鲁斯当成自己的镜子,让我看到我所批判的他的缺点,其实我自己也有,我提高自我的觉知,像光一般照进我的黑暗,我也开始对内在高我祈祷。一层层的羞耻、羞愧、悲伤、自我批判、罪恶感,等着我去原谅,于是我继续观察、理解、原谅、拥抱自己。一直到有天上厕所时,有一团东西从我的阴道掉出来,我才停止流血,我的心终于开始被疗愈,我的身体才逐渐好转。原谅了我自己的人性,我才能原谅布鲁斯的人性。

离婚不代表真正放下

安妮的祈祷词

亲爱的高我(我内在最多爱／智慧的自己)

我为我的无知道歉

我为跟不够熟悉的人进入关系道歉

我为没有保护好自己,还没准备好就不小心怀孕道歉

我为必须离婚并堕胎道歉

我知道所有的挣扎来自于内在匮乏爱

误以为我跟爱是分离的

误以为可以从别人身上得到爱

请原谅我的无知

我愿意接受我的选择造成的结果

感谢你打破我以为能在婚姻中找到爱的幻觉

感谢你给我这个学习成长的经验
感谢你赐予我勇气放自己自由

　　许多人以为离婚就是解决婚姻问题的答案,但其实不见得如此。当一段关系结束后,你可以实际离开对方,而且再也不看到他,但如果当你想起对方还会有情绪负荷,就表示你并没有真正跟对方分开。只要想起前夫、前男友还是会愤怒,有罪恶、伤心、后悔的感觉,这表示你还是背负着对方的能量,两人并没有从之前的问题中获得清楚的学习经验,所以在能量上你们还是连接的。

　　是否要离婚、分手,并不比完成两人之间的功课重要。你们会在一起一定是有些需要从你们的关系中学习的课题,像是两人的灵魂有约在先要一起才能把该学的学完。你的灵魂比一个社会制度(婚姻)还要重要。要真正的放下对方,需要完全对他表达你的感受并承认你该学的功课是什么,你可以如何成长。告诉对方他做了什么事情使你有什么负面的感觉,承认你的缺点与弱点,换句话说,问题是如何造成的,请为你的部分负起责任、向他道歉。还有,要感谢他曾对你的好,感恩这段关系让你成长。例如,你过去都不敢告诉他,虽然表面看起来没事,你心里还是很气。你承认自己过去不敢真实表达,因为害怕他离开你,让你无法独立。可是现在,你愿意面对自己的恐惧,开始真实的沟通,并且学习让自己独立。现在你看到自己有许多要学习的,你跟他道歉说自己过去只会责怪他。你跟对方做了这些沟通,你才会知道彼此是否适合继续在一起,或许两人都承认了自己的问题,跟对方道歉后,你们的关系会变好。如果选择离婚或分手,你跟他才会有个完整的结局,你才能带着干净与自由的心真正向他告别。

为了安全感而不告诉他真相才残忍

伊娃在女人圈的团体咨询中解释说她的前夫是个非常体贴、对她非常好的男人。他们在结婚前发生过一次性关系,因为受到父母的影响与社会的制约,伊娃一直觉得已经上过床,就应该嫁给他。虽然伊娃知道自己觉得他没有什么性吸引力,但已经上过床了,对方又对她这么好,所以还是跟他结了婚。结婚十几年,伊娃在婚姻中很不开心,她不想让先生碰她的身体，不想跟先生做爱。后来，伊娃在外面有了外遇，外遇的对象让她第一次体验到美好的性欢愉，但欢愉中也带着罪恶感，因为她心里知道自己欺骗了丈夫。伊娃熬了十几年后，终于跟丈夫离婚了。但是伊娃一想到前夫，还是充满了罪恶感，因为她没有告诉前夫真相。

我引导伊娃看到她内心的小女孩，那时她年纪还小，忽然间有个男人对她这么好，当时她就是需要那么多爱，不知道两人间的性吸引力对婚姻的重要性。我带领她原谅那个二十几岁傻傻的自己所做出的决定，意识到二十几岁的她只是想要被爱，也不懂事，所以可以原谅她为自己造成的痛苦。

我给伊娃的功课是去面对前夫，告诉前夫她所有的真实情况。刚开始她不愿意讲，因为她怕这样对前夫太残忍，觉得前夫如果知道她从来都没觉得他有性吸引力，而且自己有过外遇，前夫会受到很大的打击。我说："伊娃，表面上看起来是你很会替他着想，其实你不敢告诉他，是因为你不敢面对他的反应，你怕自己受不了，为了让自己保持安全而隐瞒他，这才残忍。"

我提醒伊娃，如果她想到前夫还有罪恶感，就表示两人没有真正离婚，两人在能量上还是连结的，要真正放下他，也就是心里对他不再有罪恶感，才能放彼此自由。伊娃终于鼓起勇气跟前夫讲出所有。她回到女人圈里，告诉大家她讲完以后觉得内在干净畅通，她从来不知道自己能够感觉这么轻松自由。女人圈的其他女人们也发现以前那个时刻紧绷着、愁眉苦脸的伊娃变亮了。现在，她的脸上常常有笑容。

在自己身上
看到对方的缺点

在自我疗愈的过程中，伴侣是我们的镜子，让我们看清楚自己，因此在对方身上看到最难接受的部分，表示我们必定还没发觉或还没接受自己同样的部分。例如，我痛恨布鲁斯的暴力，他从没有打过我，但有次他从房间的另一边把手机大力朝我丢过来，打到我的胸口。他常常对我大吼大叫，我也常常对他吼回去，所以也不难看到自己的暴力能量。有一次我把玻璃杯丢在地上，玻璃杯撞到地毯后回弹撞到墙上，把墙弄了个洞。当我反省自己何时开始有这股暴力的能量时，想起我以前时常被妈妈、爷爷和老师打。根据心理学研究，如果小时候遭受过暴力对待，长大后就容易有暴力倾向。你不需要真的打过人，才算有暴力能量。如果你的愤怒造成心里对人有仇恨，不管你是用大吼大叫把这股暴力能量表达出来,还是真的动手打人、丢东西、甩门,或是一直压抑没有表达出来,造成心里永远怨恨对方,甚至会诅咒他,希望他死掉,这些都是暴力的能量。其实每个人都有暴力能量,我记得我对以前的男朋友施展过几次暴力,最严重的是有一次我在前男友胸口乱打一通,他没受伤,但我弄伤了自己的手。荒谬的是,当时我正在学习灵气,我带着受伤的手到充满着爱与平静的课堂上,连接宇宙疗愈的能量,却无法告诉别人我的手受了伤,是因为我打了男朋友。

为了疗愈暴力底下的伤口,我给自己内在那个从小被体罚的小女孩很多爱,我跟母亲沟通过好多次她以前打我带给我的恐惧,最后她也向我道歉。我也向前男友道歉。他觉得我很好笑,因为我一再向他道歉好多次,甚至过了十几年还会写道歉的电子邮件给他,他回说早就原谅我了,要我原谅自己。

一个接着一个,我在自己身上找到所有我痛恨布鲁斯的特质,看着为什么我会有这些缺点与弱点,并拥抱着它们、疗愈它们底下的伤口。我向我自己与其他被我伤害过的人道歉,当我能够接受与原谅我的黑暗面,我也自然能接受与原谅布鲁斯。

安妮的祷词

亲爱的高我（我内在最多爱／智慧的自己）

我为我过去的暴力所造成的伤害道歉

我也原谅过去对我施加暴力的人

请原谅我、布鲁斯与全人类内在的愤怒

请照亮我们，让我们意识到内在暴力的能量

唤醒我们的智慧来疗愈我们愤怒之下的伤口

当我看到愤怒升起时，我会更有意识

未来该如何使用自己的力量，我会更有觉知

你是所有正面、负面经验的源头

原来是我自己造成了我的痛苦

艾米透露前夫过去有外遇,她非常愤恨不平,说在婚前他是多么想跟她共组家庭。结果结婚生子后,连月子都还没坐完,就发现前夫有外遇。

我问她:"在跟他结婚之前,他有没有什么外遇的征兆?"

艾米说:"有,在结婚前我就不信任他,那时候他就有外遇倾向。"

我问:"那你为什么还愿意跟他结婚呢?"

艾米说:"因为我已经怀孕了。"

我问:"所以,你是带着对他不信任的心跟他结婚的吗?"

艾米说:"对,我没有完全信任他,我知道他可能会有外遇。"

我说:"你已经知道他就是这样的人,但你还是决定要嫁给他。如果你继续指责他,只会让你一直都很凄惨。不如回到自己身上,承认自己当初很年轻,听到对方这么想要一起共组家庭,你就傻傻地嫁给了他。因而跟一个自己没有百分之百信任的男人结了婚。要承认自己的弱点造成自己的痛苦,才不会一直困在受害者的角色中,认为都是这个男人骗了你,让你承受痛苦。其实你早就知道他是这样的人,是你自己选择跟他结婚的。"

艾米刚开始非常抗拒听这些话,因为她太习惯扮演受害者的角色,这样她才能得到同情。渐渐的,艾米开始了解,她其实不是受害者,这是自己的选择。当艾米能够看到是自己创造了这个痛苦的故事,自己选择跟不信任的男人结婚,当她愿意承认、接受、原谅自己,艾米自然也就原谅了前夫。

我给艾米的功课是去前夫那里清理,对他说:"其实这并不完全是你的错,因为我一开始就对你不信任,知道你有外遇的倾向,可我还是决定跟你结婚。所以我也有一部分的责任，我很抱歉过去一直在责怪你。"跟前夫讲完这段话之后，艾米才觉得自己对他真正放手了，自己跟前夫的功课才过了关。

看清楚该如何替自己创造的痛苦负责，找出自己的缺点与弱点，承认自己做出不成熟、伤害自己的决定。这样才不会一直责怪对方，让自己感到无助绝望。原谅自己当初因为缺少爱，需要有个人爱你，才做出伤害了自己的决定。找出自己不成熟的地方，不是叫你责怪自己，而是给你机会认识自己的黑暗面，你才能够迎接被自己遗弃的这部分，对它慈悲、接受它，你会变得更了解自己，更爱自己，也才能同样地对待他人。

能够看见自己是创造自己所有经验的源头，是自我成长路上的一份大礼物。无论何时发现自己在一个受害者的状况，抱怨一些发生在自己身上的事情，我会看见是自己的缺点与弱点给自己造成的困境。例如我跟布鲁斯的交往，我愿意为我的遭遇负起责任，愿意承认是自己还不够认识他就跟他在一起，我早就看到他身上的灰暗能量，知道他很忧郁，却还是选择搬去跟他同住,天真地认为我的爱会让他快乐并健康起来,而且心里也渴望他会照顾我。我承认是我内在的小女孩渴望得到爱,才会导致我在还不够了解他,不知道他是否是一个愿意沟通成长的人时,就搬去跟他住。我遭遇的痛苦是我无知的选择创造出来的后果。当我看到这个真相,我的力量就回来了,因为如果是我自己创造了这出烂戏,那我也能够创造一出美好的戏。

对方的缺点是本性,而不是他不爱你

我跟马利欧在意大利时,他常常说话不算话,令我非常生气。他答应要帮我买机票,周末要带我出去玩,帮我把手机拿去修,结果都没有做到。我观察了一阵子,发现一方面因为他是意大利人,意大利南方的文化是喜欢享受当下,面对事情一派轻松,天底下没有要紧的事情。另一方面,马利欧自己就是一个做事情拖拖拉拉的人,他对自己的事情也是一直拖延,有时候他会三天不洗澡,整天只靠咖啡与糖果维持体力,一直拖延不去买狗粮,让自己也让他的狗饿肚子。爱拖延、说话不算话本来就是他的一部分,他并不是因为不爱我，才对我说话不算话，他其实也是如此对待自己的。看清楚这是马利欧的缺点跟我无关之后，我就不再生气了，只会觉得这个人很可笑，我也很清楚他不适合我，虽然我不会对他的缺点生气，但也很清楚他不适合当我长久的伴侣。

许多上心灵成长课的女人会觉得自己已经成长了很多，认为男伴配不上自己，把这个当作借口而要分手。这些女人需要知道：如果你跟对方分手的时候，心里觉得是对方的错，仍然在责怪对方、生对方的气，那你并没有比对方成长更多，你跟对方在完全一样的层次，你只是用这个当借口来逃避你跟他之间的课题。如果人际关系中有什么事情让你不舒服，觉得有问题，那个问题一定有你要负责的部分。有些人会因为不愿意面对自己该负责的部分，而用冠冕堂皇的理由（我比你更有灵性）来逃避，当分手的借口。如果分手时心里对对方有负面的感觉，那就表示你并没有修完两人之间的课题，你的功课没有过关，你跟对方在同样的位置，层次并没有比他高。

当两人之间的课题都已经修完了，你对他的缺点就不会再有负面的感觉，他的缺点跟他的弱点对你来说只是他个人的基本资料,你能够看到他的本性,也能够接受他就是这样的人。当你来到这个清楚中立的位置,就会明白是否要继续跟他在一起,即使分手之后又想起他,也不会有负面的情绪。

一种新的关系模式

爱情是生命中最困惑我的事,它也是刺激我成长最快的道路。我以前最大的问题之一就是太快坠入情网,所以那些有关荷尔蒙与高度敏感特质的信息给了我很多帮助,使我有警觉心。现在我不会因为吸引力或"特别的连结",而这么容易进入关系。在我做心灵咨询师的经验里,也看到许多女人跟我一样很容易被吸引力带走,希望这本书里的信息,可以鼓励女人自律地爱自己,好好认识一个男人后再跟他发生关系。

这不代表快速地坠入情网是件不好的事,可是它仍然是一件冒险的事。有时一见钟情,也会发展成美好长久的关系。像年轻的我一样,就是敢冒这个险,有时会体验到美好的爱情,有时需要从痛苦中爬起来学习成长。每个人都在不同的生命阶段，人有时就是需要经历一些挫折才会让智慧增长，所以我尊重每个人在爱情里做的选择，只希望我的学习与研究能帮助想得到引导的人。

我在爱情关系中会经历这么多挣扎，也是因为进入关系的动机不够成熟、不够纯净，大部分的时间是我内在那个匮乏爱的小女孩出来跟男人谈恋爱，而不是一个成熟的女人在跟男人交往。我一直把自己小时候对爸爸的渴望投射在伴侣身上，无意识地以为男人有责任来照顾我，给我安全感。这不只是我的问题，几乎每个人都有这个问题。我猜有90%的人进入关系都是想要从对方身上得到爱，而大部分人都以为执着就是爱，因此在关系里受了很多苦。

人类到了这个阶段，已无须维持过去农业社会男女需要依赖彼此才能生存的模式，但是现代人进入关系，仍然是为了逃避孤单寂寞、为了得到社会的肯定与认同，婚姻成为既定的生活方式，我们逃避探索自己是谁、自己的热情是什么，没勇气活出自己。我们希望通过进入关系或婚姻得到安全感，满足内心匮乏爱的大洞。我们需要接受这种低意识的动机是人类的一部分，它永远会是我们进入关系的原因之一，内在匮乏爱的小孩永远都存在，因为只要是人，就常会活在一个误以为我们是分离的幻觉里。可是我们需要觉察与接受内在匮乏爱的自己，不让它成为潜意识里想进入关系的主因。

从低意识的动机进入关系只会造成两人的拉扯、对彼此有无法满足的期待、痛苦、高离婚率与破碎的家庭，促使许多人不想谈恋爱、结婚生小孩，对爱情关系与婚姻越来越裹足不前。

我们必须把自己潜意识中对关系不切实际的期待提高到意识层面，放下这些对伴侣不切实际的要求，把爱自己的责任交还给自己，替自己的幸福快乐负责。我们要从低意识的结婚动机进化到高意识的结婚动机。开始创造一种新的关系模式，以尊重彼此的自由、支持彼此去做自己想做的事、放下自己对他的执着而鼓励对方发挥潜能、活出热情，无论对方会不会在我们身边以无私的爱去经营关系，如此我们才能够真正分享爱。

高意识的结婚动机包括愿意通过亲密关系自我成长，当碰到问题时愿意自我检讨，替自己的负面情绪负责、承认自己的缺点、跟对方道歉。当你想要关闭自己的心时，刻意让心保持敞开，学习用不伤人的方式沟通你的感觉，让情绪流动是一个爱自己、接受自己的行为，让情绪流动，爱才会流动。

如果每个人都愿意学习爱，以支持彼此成长、发挥潜能当作进入关系的意图，男人女人支持彼此活出真实自我，我们就能创造一种新的，能带给我们喜悦的灵性爱情关系。

安妮的祷词

亲爱的高我（我内在最多爱/智慧的自己）

请帮助我提高觉知

提醒我爱就在当下

我愿意通过亲密关系

鼓励对方活出他的热情

做他想做的事

我愿意通过亲密关系

支持对方不断地成长

成为有力量且完整的人

我只跟能够同样支持我的人
建立亲密关系
我原谅过去的我与以前的伴侣
我愿意放下过去的痛苦
我准备好创造灵性的亲密关系
我愿意学习爱
请引导我
谢谢你

分享一

对自己的生命负责，展开心灵的旅途

肯梦创办人　朱平

安妮，一位感觉上我们似乎已经认识了一辈子，但实际上只见过几次面的女子。

仍记得第一次见面时，我就被她特殊的能量所感染，那是一种说不出的直觉——Annie is on a mission。许多人一辈子都在寻找，但她找到了。

迫不及待地看完书稿，很喜欢这本书的书名。

正向心理学里不断强调——健康正向的"关系"是决定你快乐与否的重要因素之一，而"关系"中最深切又最令人渴望的就是"爱情关系"。虽然安妮主要是从女性观点系统地帮助女性了解爱情与婚姻，并针对分手与离婚提出新的观点，但我相信任何男性看完这本书之后，都会更深切地了解自己是更需要读这本书，以及接受安妮的疗愈的。

我一直认为台湾的男人应该更用心、更优雅一点，提高自己的觉知。只有好好地接受自己的内在小孩，才能真正长大（绝大多数台湾男人都是长不大的小孩），对自己的生命负责，了解无常的真义，并开始心灵的旅途。诚如安妮告诉我们的，这才是唯一不变的真理。

许多人分辨不出"执着"与"爱"的不同。安妮在本书第三章里很清楚地提醒我们进入关系的三种不同层次，如何在关系的承诺中愿意成长、成为最好的自己，并支持伴侣的心灵成长，让对方成长为最好的自己。爱是需要不断地创造和更多"自由"的。

安妮说："当我需要拒绝你的时候，我会拒绝你，因为我需要尊重自己，才有办法爱你。"同样，只有先做真实的自己，才能做到"我爱你，也爱自己"。

分享二

学员感悟

"生命之眼"身心灵中心执行长　王中和：

现代人想修满爱情学分，一定要看此书，帮助你活出真实的自己且拥有圆满的爱情，功德无量！

学员　Dio Chiu：

我曾经以为自己拥有让人幸福的能力，直到世界在我面前崩塌的那天，才发现我其实不懂爱。安妮的引导让我体会，接受和拥抱自己，爱才能扎根。安妮的提醒让我理解，在自由的空间里，爱才能茁壮。谢谢安妮无私的爱，让我重新学会如何去爱。

学员　Dori Lin：

安妮教导我如何觉察自己身体和心的情绪，并在觉察后将内心真实的想法"落实"到生活中，通过面对真实的自己，才能爱自己，进而延伸到爱家人、爱朋友。活得真实是送给这世界最美好的一份礼物，真正的成长正该是如此身心灵兼顾。

如果我可以在谈恋爱之前就看过这本书，我将有机会减少经历这像鬼打墙一般的爱情轮回。希望所有单身男女、已有伴侣的男女、即将拥有亲密男女关系的青少年都来阅读，它将让这爱情世界更加美好！

学员　Emma：

"每个人都需要做自我疗愈。"安妮如是说。真实面对自己是自我疗愈的根本，许多痛苦与不自由的源头就是不能如实对待自己。安妮带领的练习，是可以实践在生活里的方法，只要你愿意尝试，个中的收获唯有自己可以领悟体会。自我疗愈，没有一蹴而就的捷径，唯有一次又一次地敞开心去面对、去接受。我想要借此感谢安妮，感谢她让我看到自己原已具备的内在力量，更重新认识那个忽略已久的自己，从善待自己、照顾自己开始，去寻求内心的平安与喜悦。

学员　Yuting Yang：

安妮一步一步地引导我们，带着意识与觉知，向内在观看自己为何吸引这些关系来到生命中，这些关系又如何能帮助我们成长，并了解自己。当我们得以站在更高的角度观看每段关系时，终将发现，不论结局为何，任何关系与任何人，都弥足珍贵。

学员　Faye：

对我来说，安妮像是朋友、引导者、疗愈师，更像是母亲。她引领我潜入自己这片海洋，使我看到无限的可能性，让我越来越能爱这本源的自己，也越来越能拥抱这个世界。深深地感谢安妮自律、开放和无惧的心，时而慈悲温柔，时而棒喝点醒，她的各种姿态，提醒我每一个当下也要如此勇敢活出自己的生命力。

学员　Ginny：

从来没有导师与我们全方位讨论和伴侣的关系。跟随安妮老师学习，从了解自己无法跳脱与炮友的关系，到明白自己创造出的痛苦，最后戒"毒"的过程，现在都已经化为成长的养分！这本书引领我们迈向健康的关系，马上看吧！一刻也别等！

学员　Chiu Chenghan：

安妮用自然而舒服的方式，让我们了解男人与女人能量的不同,以及如何使用这两种能量,享受最自然的两性关系。

学员 Cindy:

这本书太实用了!安妮不仅通过故事将观念传达得很清楚,也提供实际的练习方式,是真正可以将修行落实于生活中。虽然安妮身为女性,但她不偏颇于任何性别,清楚地说出男性、女性都该知道的关系修炼法则。谢谢安妮愿意分享她的宝藏!

学员 Angel:

奇妙的机缘与巧合,让我拿到本书时,正值另一半刚提出离婚,看完后,我百感交集,痛哭失声,久久不能自已。这本书是那么清楚地让人了解,关系的初始、开启、经营与结束的每一个阶段,双方在每一个阶段关系中会面临的功课、双方的心灵层次,面对所有状态时该如何分辨清楚,以及如何自我修行与提升。感谢安妮在这本书里分享的知识与智慧,在人生最为困顿的时候,协助我了解自己在关系中面临的状况,帮助我看清自己如何让有问题的关系发生,厘清关系中学习到的提升的功课是什么,并给我勇气面对,让我了解如何处理所有关系的课题。感谢安妮这本书,让每个在关系中迷路的人,找到前进的方向与方法。

作者简介:

李安妮

出生于台湾,九岁移民到美国,是国际上少数同时接受过美国心理咨询训练,以及东方正统佛学、瑜伽与道教气功训练的身心灵导师。她将东西方专业学理与疗愈经验融合在一起,从1999年开始教导学员如何在日常生活中修行,找回与生俱来的爱,鼓励每个人信任自己的天赋和智慧,勇敢做自己。拥有美国心理学硕士学位,专攻身体心理学与超个人心理学,拥有美国知觉传动心理治疗学院的创伤复原的证照。目前在世界各地教授一系列的身心灵成长课程,著有《成为完整而性感的女人:唤醒爱、智慧、性能量的十堂课》。